JN256574

公民館職員の仕事

地域の未来づくりと公民館の役割

片野親義
Katano Chikayoshi

ひとなる書房

まえがき

私は、埼玉県の浦和市と合併後のさいたま市で社会教育の仕事に従事してきました。一九六七年四月から二〇〇五年三月までの三十八年間です。そのうち一年間は浦和市教育委員会の社会教育課で勤務をしましたが、残りの三十七年間は公民館で仕事をしました。公民館の仕事が長かったので、勤務しているときから、市内、県内、県外の社会教育関係機関や住民の学習会、公民館の学級・講座、公民館職員の研修会、大学の授業などで講演や講義を依頼される機会がたくさんありました。退職後もそうした依頼が多く、いまも各地にでかけています。もっとも多いのは、公民館における住民のみなさんを対象にした学習会ですが、公民館職員の研修会にでかける機会も増えています。

各地の公民館へ伺って強く感じることは、公民館における職員問題の重要性についてです。現在、公民館職員を専門職として採用している市町村はごくわずかです。多くの市町村では一般事務職員として採用された職員が公民館に配置され、短期間のうちに他の職場へ異動するということがくりかえされています。公民館で一定の時間をかけて納得できる仕事をしたいと思っても、短期間で異動になってしまうため、その保障はどこにもないという状況が一般的となっています。また、公民館職員の研修を実施していない市町村が増えていますので、職員が公民館のことを何も知らないまま公民館に配属され、何も知らないまま公民館で仕事をし、何も知らないまま他の職場へ異動してしまうという状態が広がっています。職員の非常勤化、財団やNPOなどへの委託も進行しつつあり、公民館職員をめぐる状況は多様化、深刻化の一途をたどっています。

しかし、このような状況下にあっても、現に公民館は存在し、地域ごとにさまざまな活動が展開されています。公民館の仕事と出会い、公民館の仕事のすばらしさを実感し、公民館で仕事を続けたいと考えるようになる職員もいます。短期間であっても公民館にいるあいだ一生懸命頑張って仕事に取りくみたいと思う職員もいます。公民館に異動したばかりの職員にとっても、公民館の仕事に積極的に取りくみたいという自覚や意欲をもつようになった職員にとっても、それぞれが公民館についての理解を深め、公民館の仕事にうちこむ意味をみつけだすことのできる手引書が必要なのではないだろうか。各地で職員のみなさんの話を聴かせてもらいながら、そんなことを感じてきました。

公民館の数が減少の一途をたどっている今日、このような本をまとめることについて疑問をなげかける人がいるにちがいありません。確かに公民館と職員の数が減少しつつあることはまちがいのない事実です。しかし、そうした減少傾向を客観的にみつめながら、国や自治体の政策を分析したり、批判をしているだけでは何も変わりません。公民館の現状や未来を憂いているだけでも何も変わりません。公民館の将来を必要以上に悲観し、その存在に根拠のない疑問をなげかけることも、あまり意味のあることではありません。いま、もっとも必要なことは、現在、公民館で働いている職員のみなさんが、公民館のあるべき姿を正しく認識し、現実を見据えながら展望をつくりだし、頑張る力を身につけることができる支援をしていくことだと思います。公民館が存在する限り、公民館にこだわり、公民館でなければできない仕事に取りくむ自覚をもつ職員が増えなければならないからです。そうした職員の自覚と奮闘が、住民との新しい協同をつくりだす力となり、公民館の未来を切りひらいていく原動力になるにちがいありません。

私は、これから同じような本が公民館職員として働いた経験をもつ人たちの手によって数多く刊行されることを期待しています。公民館職員の問題は、職員を経験した者でなければ書きあらわせないことがあるからです。公民館職員を経験した人たちが、それぞれの体験や実践にもとづいて、公民館の本質やあるべき姿を問い、公民館の現代的課題を提起する本がもっとまとめられなければならないと思います。そうした本の存在が生きたテキストとなって、公民館で働いている職員に勇気を与え、その仕事を励ます力になると確信しているからです。

この本は、新潟県村上市で開催された新潟県下越地区公民館関係役職員等研修会で行った基調講演の内容に、かなりの原稿を加筆してまとめたものです。村上市は、私が生まれ育った故郷です。幼い頃からの思い出が、いまもたくさん残っている日本海に面した新潟県最北の大地です。

この本が、困難な状況のなかで頑張っている一人でも多くの公民館職員の手もとに届き、公民館における仕事の手引書として活用されることを心から願っています。

公民館職員の仕事　◇もくじ◇

装幀／やまだ　みちひろ

はじめに

ご紹介いただきました片野親義です。私は、この村上市で生まれました。生まれたときから高校時代までの日々を村上市で過ごしました。現在は、埼玉県のさいたま市に住んでいますが、年に何回かは村上市へ里帰りをしています。

高校三年生のときに、将来、社会教育の仕事に就いてみたいと決心し、大学に進学して社会教育の勉強をしました。大学卒業後は、新潟県内に社会教育の仕事があったら、県内の社会教育関係の職場で仕事をしたいと思っていました。ところがその当時、新潟県内に社会教育を担当する職員を独自に採用している市町村はありませんでした。ちょうど大学卒業の年に、埼玉県の浦和市（現在は合併して「さいたま市」）で社会教育の仕事を担当する職員を独自に採用するという情報を入手し、急いで採用試験を受けました。そして、運よく試験に合格し、浦和市の社会教育担当職員として就職することができました。

本日の研修会に参加されている公民館職員のみなさんは、一般事務職員として市町村に採用された人がほとんどだと思いますが、たとえば、保健師、保育士、土木技師、図書館司書、博物館の学芸員などは、同じ市町村の職員であっても専門職員として独自に採用されています。ですから、保育士として専門職採用された職員は、退職まで保育の仕事に従事することが基本となります。保健師として採用された人が、異動で公民館職員になったなどという話はあまり聴いたことがありません。保健師として採用された職員は、基本的に退職まで保健に関係した仕事に従事することになります。

私も社会教育の仕事を担当する職員として採用されましたので、就職したときから三十八年間、社会教育の仕事に従事して退職を迎えました。自分では退職する日の勤務時間が終了するまで、一生懸命社会教育の仕事にうちこんできたと思っています。

私は、これまで社会教育に関係する二冊の本を出版しました。最初の本は『社会教育における出会いと学び——地域に生きる公民館入門——』という本です。ひとなる書房から二〇〇二年に出版されています。埼玉大学で行った社会教育の授業の記録をまとめたものです。以前、出版社から初版の在庫がなくなったという連絡をいただき、さっそく二版を印刷しました。二版は増補版として、初版にはない「教育基本法」「社会教育法」「公民館の設置及び運営に関する基準」「生涯学習の振興のための施策の推進体制等の整備に関する法律」の全文を資料として収録し、増刷しました。ぜひ手にとって一読していただきたいと思います。もう一冊は、退職してすぐ出版した『学びの原風景をさがし求めて——社会教育の現場から——』という本です。二〇〇五年に国土社から出版されています。私の社会教育実践との関連で忘れることができない出会いと学びの体験をそのまま綴った本です。中学生や高校生にも読んでもらえる社会教育の絵本のような本にしたいと思ってまとめたものです。

この二冊の本のなかに、私の仕事の取りくみ、公民館職員としての思いや自己形成の体験が具体的に収録されています。本日の基調講演における不十分な点につきましては、この二冊の本で補っていただきたいと思います。

第1章

岐路に立つ公民館

公民館は地域で生きているか

一　公民館の二つのタイプとその特徴

1　ただ賑やかなだけの公民館

文部科学省の『平成二十三年度社会教育調査報告書』によると、二〇一一年における全国の公民館数（類似施設を含む）は一万五千三百九十九館となっています。公民館で働いている職員の数は四万九千三百六人です。また、二〇一〇年に公民館を利用している人は二億人を超えています。こんなに多くの公民館があり、こんなにおおぜいの職員が公民館で働いています。そして、こんなにたくさんの人たちが公民館を利用して、さまざまな活動に取りくんでいます。しかし、公民館の数は、最近の市町村合併による統廃合、首長部局への移管と補助執行（法律上の権限を変更せずに、ある行政機関の事務を他の行政機関の職員が補助して執行すること）[1]、指定管理者への管理委託などの影響があって、年々少しずつ減少の傾向にあります。一方、職員の体制は異動も激しく、非正規職員の増加などによって不安定な要素が広がりつつあります。

私は、現在の公民館は大きく二つのタイプに分けることができるのではないかと思っています。一つのタイプは「ただ賑やかなだけの公民館」です。そして、もう一つのタイプは「公民館らしく賑やかな公民館」です。どこの公民館へ伺っても、同じように公民館の看板が掲げられ、職員が配置され、事業が企画・実施され、グループ・サークル、団体の人たちがたくさん利用しています。しかし、外見は同じように見える公民館であっても、館内に入って職員や住民のみなさんと話をしたり、事業内容や公民館だよりの紙面を見せていただくと、「ただ賑やかなだけの公民館」と「公民館らしく賑やかな公民館」に分けることができるように思います。

「ただ賑やかなだけの公民館」とは、看板は公民館ですが、公民館を意識した活動がほとんど行われていない公民館ということです。名称は公民館なのに、活動の内容が公民館ではない公民館です。

私が働いていた浦和市は、二〇〇一年に大宮市、与野市と合併して名称がさいたま市に変わりました。二〇〇五年には岩槻市が合併して、さらに大きな市になりました。二〇一二年の三月現在、さいたま市内には、五十九館（生涯学習総合センターを含む）の公立公民館が設置されていますが、中央公民館として位置づけられている生涯学習総合センターを除く五十八館の地区公民館は、無料で市民に開放されています。さいたま市の地区公民館は、これまで有料規程をもったことがありません。日本国憲法の理念にうらづけられた国民の学ぶ権利を保障するための社会教育機関であり、学びあい、交流しあい、連帯しあいながら地域をつくる主体を形成する拠点として位置づけられている公民館は無料でなければならないというのが、さいたま市の基本的な考え方になっているからです。さいたま市は二〇一二年三月現在で人口が約百二十万人、公民館を定期的に利用しているグループ・サークル、団体の数は約二万余、公民館で働いている職員の数は約三百人という状況のもとで公民館の活動が展開されています。年間の公民館利用者数は三百万人を超えています。しかし、残念なことに一つひとつの公民館の活動を分析してみると、さいたま市内にも「ただ賑やかなだけの公民館」が存在しています。

公民館は、ご承知のように人と建物とお金と活動でなりたっています。こうした公民館を支えている条件のなかで、何が一番公民館に公民館らしい命を吹きこむことができるのかというと、それは職員と住民の力です。お金がたくさんあるからといって、公民館の活動がすばらしいものになるわけではありません。いくら立派な建物であっても、それだけで公民館に公民館らしい命を吹きこむことは不可能です。公民館に公民館としての命を吹きこむことができるのは、職員とその地域に住んでいる住民の力です。

従って、職員と住民が公民館の役割や機能を知らない状態で日常の運営と活動が行われている公民館は、「ただ賑やかだけの公民館」になる確率が高くなります。

2　公民館らしく賑やかな公民館

一方、「公民館らしく賑やかな公民館」として活動が展開されている公民館に共通していることは、職員と住民が公民館とは何かということをよく知っているということです。たとえば、住民が公民館にたいする認識をほとんどもちあわせていない状態であっても、職員が公民館のことをきちんと認識している場合は、「公民館らしく賑やかな公民館」になる確率が高いと思います。逆に、職員の異動が激しくて、二年くらいで職員がどんどん変わってしまうような状態にある公民館であっても、住民が公民館の役割や機能をよく知っている場合は、「公民館らしく賑やかな公民館」になる可能性が高くなります。

私は、勤務したほとんどの公民館で「公民館を考える講座」や「公民館を考える集い」を主催事業の一環として取りくんできました。公民館に関心のある地域のみなさんを中心にしながら、地域ぐるみで公民館について学ぶ機会を大切にしてきました。就職してすぐのころは、そうしたことの大切さや必要性について気がついていませんでしたが、公民館で仕事の経験を積み重ねることによって、徐々に自覚できるようになりました。自分で自覚するようになってからは、異動した先々の公民館で地域のみなさんと力をあわせて公民館を学ぶ機会をつくるよう努力をしてきました。

公民館を学ぶ機会をつくる努力が継続されている公民館の場合は、職員が異動になっても公民館のことを知っている人たちが、利用者や住民のなかに多数いることになります。ですから、公民館のことを知らない職員が新しく配置されても、利用者や住民に教わりながら育っていくことになります。

職員と住民の両者が公民館を認識している公民館の場合は、まちがいなく「公民館らしく賑やかな公民館」になります。両者のどちらかが公民館のことを認識している場合も、「公民館らしく賑やかな公民館」になっていく可能性が高くなります。

一番大切なことは、職員と住民がいっしょに公民館について学びあう機会をもち、両者が同じレベルの問題意識をもちながら、公民館で活動しあう状態をつくりあげることです。「公民館らしく賑やかな公民館」になっていく条件をつくるには、そうした活動を継続していくことが必要です。

二　公民館に求められているもの

二〇〇八年の社会教育法改正によって、社会教育法の第三十二条に新しく公民館評価の条文が追加されました。追加された条文は、あくまでも努力目標としての条文であり、公民館にたいする評価を強制するものではありません。従って、具体的な評価基準や評価方法に関する指標が明記されているわけではありません。これまで国の評価基準がない状態であっても、すでに年間の達成目標や努力目標を独自に策定し、活動の総括と評価を行っている公民館は、たくさん存在しています。自らの克服すべき課題を明らかにしながら活動に取りくんでいる公民館も数多く存在していると思います。

同じ「人間」というネーミングで表現されても、個々の人間の顔や性格がことなるように、一口に「公民館」といっても、市町村によってその実態はまったくことなります。同じ市町村であっても、地域がちがうと公民館をめぐる状況も実践の取りくみ方もかなりことなったものになります。そのことは、みなさんが日々の仕事を通して認識していることだと思います。

地域によって、どうしてことなったものになってしまうのでしょうか。それは人間の顔や性格と同じように、同じ地域というものが一つとして存在していないからです。ですから、公民館の評価は、国や自治体が安易に評価のための項目を作成したり、画一的で平均的な基準をつくって評価を押しつけてはならないものだということです。市町村ごとに、それぞれの実情に応じて独自の評価基準が考案される必要があります。その場合、各市町村の教育委員会事務局と公民館職員・住民によって十分に検討されたうえで、評価を行うための具体的な基準が考案される必要があります。

そして、市町村が策定した評価基準を参考にしながら、さらに、それぞれの公民館の地域状況に応じた評価基準や評価方法が追加されなければなりません。そのようなプロセスを経て最終決定された基準にもとづいて、住民とともに評価の作業を遂行していくことが基本だと思います。もちろん、その場合の評価内容は、すべて住民に公開されるべきであることはいうまでもありません。

ところで、いま公民館はそれぞれの地域で公民館らしい命を輝かせながら本来の役割を果たしているでしょうか。災害時における避難所としての公民館の存在は、マスコミで取りあげられることによって、かなり認識されるようになりました。最近ではテレビドラマのセリフにも公民館という言葉が聴かれるようになりました。そうした状況から考えると言葉としての公民館の存在と市民権は少しずつ広がってきているのかもしれません。しかし、日常の活動はどうでしょうか。

公民館が地域で公民館らしい命を輝かせながら、その役割を果たしているかどうかを判断するときの基準は三つあると思います。

第一の基準は、社会教育法制度に流れる「学ぶ権利を保障する場」として機能しているかどうかということです。

第二の基準は、学びあい、交流しあい、連帯しあいながら「地域をつくる主体を形成する拠点」としての役割を果たしているかどうかということです。

そして、第三の基準は、運営や活動に「住民参加の原則」が確立され、「住民自治の活動」が豊かに発展しているかどうかということです。

この三つのことが日常の公民館活動に貫かれていること。そして、それぞれが同時に発展しながら活動が継続されていること。このような状態にある公民館は、命を輝かせながら地域で住民とともに生きている公民館だと思います。

この三つの基準を参考にしながら、みなさんが現在かかわっている公民館の活動を自分で評価していただきたいと思います。自分がかかわっている公民館は、命を輝かせながら地域で活動している公民館になっているでしょうか。そう評価できる公民館については、これからますますその命が輝いていくよう、新しい工夫と努力をしていただきたいと思います。逆に、命が輝いていないと思われる公民館については、公民館の命の源泉をもう一度たどりながら、地域でどのような活動を行っていくことが公民館の命を輝かせる力になるのかということについて、地域ぐるみで話しあい、新しい取りくみを開始していただきたいと思います。

公民館制度が発足して以来、これほどまでに地域が公民館の存在と活動を求めている時代はなかったのではないでしょうか。公民館が地域で公民館らしい命を輝かせる状態をつくりだしていくために、当面、つぎの四つの視点を大切にしながら日々の実践に取りくんでいくことが求められているように思います。

1　社会と地域の現実を直視する

社会や地域は、めまぐるしく変化しています。とくに二〇〇〇年以降は、まさに激動という言葉がぴったりあてはまるような状況が続いています。たとえば、無縁社会、高齢者の孤独死、貧困と格差の拡大、自殺者の増加、ワーキングプア、若者の就職難、リストラ、派遣切り、母子家庭の増加、児童虐待、中山間地域（限界集落）の未来、市町村合併、グローバル化、地域崩壊、震災、脱原発、放射能汚染などの問題が、連日のようにマスコミで報道されています。

こうした社会や地域の課題に、公民館はきちんと対応しているのでしょうか。これまで社会の動向や社会的問題が、地域づくりの主体を形成する学びの課題として、どのような形で公民館の事業や活動に取りあげられてきたのでしょうか。社会が急激に変化しているのに、公民館の活動は依然として、対象とする層も、学びの課題も、学習の方法も、二十年前、三十年前と同じような内容やスタイルで企画・実施されていないでしょうか。急激な社会の変化によって住民の生活や学習要求が大きく変化しているにもかかわらず、多くの公民館では、旧態依然の形式と内容のままの学びや活動が行われているように思います。多数の住民の関心や要求からはなれてしまった学びと活動は、限られた住民だけのものになってしまい、地域から支持されないものになってしまいます。そのことに職員自身も気がついていないという状況が広がっているのではないでしょうか。

公民館は、社会の動向と地域の変化という二本のレールの上を走り続ける電車にたとえることができます。時代の動向や変化によって、レールの幅が広くなったり、狭くなったりすることがあります。そのときには、レールの幅に対応できるように電車の構造や機能をつくりかえながら走り続けることが必要です。ところが、多くの公民館は、時代の要請に応えながらレールの上を走ることが困難な状態におちいっているように思います。レールの変化に対応できない状態になっているように思えるからです。つぎはどこの駅に停車したらよいのか、最終的に到着する駅はどこなのかさえ、わからなくなってしまっている公民館もあるのではないでしょうか。こうした状態は早急に改善されなければならないと思います。

公民館が、このような状態に置かれている主要な原因は、国や自治体の社会教育・公民館政策にあることはいうまでもありません。国や自治体の政策によって、職員が社会や地域の現実を直視することができない状態に置かれています。現実を直視しようとしても、現実にたいする対応が不十分なものにならざるをえない状況に追い込まれているからです。一刻も早く職員が社会や地域の現実を直視し、住民とともに時代の流れに即応した公民館活動を展開できる状況がつくられなければなりません。これまで以上に時代の変化に対応した公民館活動を創造していくことが求められているからです。公民館職員をめぐる状況は、厳しい状態にありますが、社会や地域の現実を直視しながら、時代にふさわしい公民館活動を再構築していくことが必要です。

２　学びを必要としている人たちを的確にとらえる

公民館が、本当の意味で学びを必要としている人たちを正確にとらえきれていないことも活動が停滞している原因の一つです。このことも急いで克服されなければならない課題です。

公民館活動への参加という視点から住民をとらえると、住民は七つの層に分けて考えることができると思います。

第一の層は、あらゆる活動に主体的・積極的に参加する人たちです。

第二の層は、他人にすすめられて活動に参加するようになる人たちです。

第三の層は、自分に関心のあるものだけに参加する人たちです。

第四の層は、活動に関心をもっているけれども、物理的に参加することが困難な人たちです。たとえば、小売店経営や自営業の人たち、サラリーマン・働く女性など勤務時間の関係で参加できない人たち、幼児がいたり、子育てに追われたりしている人たちです。

第五の層は、公民館で学ばなければならない課題をかかえているにもかかわらず、自らの課題を解決することと公民館の活動が結びついていない人たち。つまり、たくさんの課題をかかえているのに、公民館が課題解決のための学びの場だと思っていない人たちです。

たとえば、農業・林業・漁業など第一次産業に従事している人たち、中山間地域（限界集落）でこれからのあり方を模索している人たち、就職難やフリーターなどで将来の展望がもてない若者たち、貧困のために子どもを中学校や高校に通学させることができない人たち、子どものいじめや不登校やひきこもりなどで悩んでいる人たち、障がいをもっている人たち、社会的な差別を受けて孤立している人たち、一人暮らしで孤独になり、自分から他人と関われない状態に置かれている高齢者の人たちなどです。

第六の層は、公民館だよりや催し物などのチラシ・ポスターは見るけれども、自分から活動に参加しようと思わない人たちです。

そして、第七の層は、公民館のことにまったく関心がない人たちです。

公民館活動は、すべての住民が対象であり、すべての住民の要求に応えるものでなければならないことはいうまでもありません。同時に、時代の変化に対応しながら、その時々の学びを必要としている人たちの層をとらえ、その課題をいつも明確にしておくことが大切です。いま、公民館が学びの中心に位置づけなければならないのは、どの層の人たちなのか、そしてその人たちの課題は何なのか、を明らかにしながら日々の活動に取りくんでいくことが求められています。

現代社会のなかで公民館が学びの中心にすえなければならない人たちは、第四、第五の層に属している人たちです。

第四の層の人たちが、公民館に足を運ぶようになるためには、まずは学びの条件づくりが必要です。とりあえず、土曜日、日曜日、夜間の時間帯に開催する事業を増やすことが必要でしょう。小売店経営や自営業にたずさわっている人たちの課題を取りあげる場合は、小売店や自営業の休業する時間帯にあわせて学級・講座が企画されなければならないと思います。幼児をもつ若い母親が学ぶには、公民館保育の体制づくりが不可欠です。このように、住民が学びやすい条件をつくる努力が必要です。

第五の層に属している人たちが、公民館で学んだり連帯できる条件や環境をつくりあげていくことは、きわめて現代的な課題であり、公民館がどうしても取りくまなければならないことだと思います。

こうした層の人たちの要求や課題にどのように切り込んでいけるのか、その視点と力量が問われているのではないでしょうか。職員の考えだけで学級・講座の学習プログラムを編成し、チラシを作成し、地域に配布して、あとは参加者の申し込みを待っているだけというような取りくみでは、切実な課題をかかえている人たちが公民館活動に参加する状況をつくりだすことは困難です。これからは職員が地域の家を戸別訪問して要求を把握しながら、一人ひとりに公民館活動への参加を呼びかけるなど、これまで行ったことのない新しい取りくみを多様に工夫していく必要があります。教師、学校の栄養士、ケースワーカー、民生委員、保健師、保育士など、他部局や他機関の職員・スタッフのみなさんと連携した活動も重要視されなければならないと思います。いま、公民館職員に思いきった発想の転換が求められているのです。

３　個人の力を地域にいかす工夫をする

たくさんの人たちが社会教育の場で学んでいるのに、どうして地域社会の崩壊現象が進行しているのでしょうか。そして、社会も生活もよくならないのでしょうか。どうして選挙の投票に行く人が増えないのでしょうね。なぜ、個々人がバラバラの状態で生活をすることがやむをえないことであるかのような価値観が地域に広がっているのでしょう。学ぶ人が増えているのに、地域も社会も生活もよくならないとするなら、地域で学ぶことの本来的な意味はどこにあるのでしょうか。

そうした観点から考えてみると、現在、公民館は何を学ぶための場として機能しているのでしょう。いま地域では、学んで身につけた知識と技術は個人のものとして蓄えるだけでよしとする学びの価値観が広がっているような気がします。これまで公民館も、そうした価値観が身につくような学びを支援してきた傾向があるのではないでしょうか。

これからは、自分が学んで身につけた知識と技術を他者や地域のために役立てることについて学ぶ場が必要です。とてもおかしなことですが、学ぶための学びが必要になってきているということです。

公民館においても学びの質の転換がはかられなければなりません。単に知識や技術を身につけるための学びから、身につけた知識と技術を他者や地域のためにいかすことを大切にする学びへの転換です。そうした視点から事業と活動の抜本的な見直しがはかられなければならないと思います。もちろん、個人が知識や技術を身につけるための学びは否定されるべきではありません。しかし、公民館は個人が豊かになるための学びが中心をしめるという状況から、一刻も早く脱皮しなければならないと思います。地域づくりの主体を形成する学びや地域づくりの活動に結びつく質の学びが、公民館活動の中心をしめるようにならなければなりません。他者や地域とかかわりあう学びへの転換です。そのことを実現していくことによって、個人の力を地域や社会につなげていく環境がつくりだされていくにちがいありません。

4　原点に立ちかえり新しい歩みを開始する

いま、多くの公民館は、行く先の港が見つからないまま大海に浮かび漂っている船のような状態に置かれています。国や自治体の政策だけでなく、公民館という船自体がみずからの迷いの原因をつくりだし、自分の意思で漂っているようにも見えます。本当は航海図を見れば行き着く港も明確なのに、舵《かじ》をにぎっている職員自身が航海図を見ようともせず、漂っている状況を問題だとも思わず、自分の責任で船を動かそうとする自覚をもたないまま、舵をにぎりしめているように見えるからです。もちろん、すべての公民館がそうした状況にあるわけではありません。しかし、こうした状況は多くの公民館に共通してみられる現象となっています。

公民館は、当初から行き来する二つの港が明確にされている船です。その一つは、日本国憲法、教育基本法、社会教育法のなかに理念として流れている国民の権利としての学びを保障するという港です。もう一つは、地域づくりの主体を形成する学びの拠点としての港です。この二つの港を行ったり来たりすることによって、住民の自己形成を実現するための学びと活動が行われる場所、それが公民館という船の基本的な役割です。そして、船を用意する、乗務員としてふさわしい職員を配置する、必要に応じて船や港の整備をするなど、学びの条件整備をする仕事が行政の役割とされています。このことは社会教育法第三条に明記されています。

また、文部科学省の告示「公民館の設置及び運営に関する基準」の第八条には、公民館という船がその活動を円滑に進めていくために必要な職員数を確保すること、専門的な知識や技術をもった職員を配置すること、多様なニーズに対応できる職員の資質と能力を向上させるための職員研修を充実させることが明記されています。

進むべき方向がわからなくなったときは、もう一度スタート地点に立ちもどり、新しい歩みをはじめることが基本です。公民館は、設置されたときの原点に立ちかえり、そこから新しい歩みを開始する時期にさしかかっていると思います。国や自治体は、現在の教育基本法、社会教育法、文部科学省告示「公民館の設置及び運営に関する基準」、および市町村の条例・規則に定められている内容が、住民主体の社会教育や公民館活動の発展を保障するものになっているかどうかという観点から、それらの見直しを早急にはかる必要があります。

とくに、一九九〇年に「生涯学習の振興のための施策の推進体制等の整備に関する法律」が制定された以降に行われた教育基本法や社会教育法の改正は、残念ながら社会教育や公民館活動の発展を保障するものになっていないように思えます。住民主体の社会教育や公民館活動の発展をうながすための法律や告示や条例・規則が整備され、その基本方向にもとづいて新しい政策が具体的にうちだされなければならないと思います。

一方、公民館職員は、公民館が何のために構想され設置されたものなのか、現在の課題は何か、今後の活動はどうあるべきか、などについての認識を深め、職員としての自覚をもつ必要があります。自分の意思と判断で公民館という船の舵を操作することができるようにならなければなりません。公民館がたどり着かなければならない港の方向が自分の目で見えるようにならなければならないのです。

第2章

公民館はなぜ設置されたか

一　公民館が設置された経過

公民館が何のために設置されたのかということについては、公民館に関心をもつすべての人たちが認識を共有しておかなければならない課題です。このことがお互いに共有されていないと、なぜ公民館において地域づくりの主体を形成する学びの活動が必要なのか、いま公民館に何が求められているのか、などの議論ができなくなってしまいます。同じ基盤に立って公民館の価値や展望を語ることができなくなります。

公民館は、どのような経過をたどって設置されてきたのでしょうか。そのプロセスについて考えてみたいと思います。次ページの**資料1**をご覧ください。

資料1の四角で囲ってある部分と実線は、公民館の設置に関係する公的な流れを示しています。囲みのない部分と点線は、寺中作雄が個人として発表した論文や著書の流れを示しています。寺中は、この時期に文部省の公民教育課長、社会教育課長として公民館の構想に深くかかわった人物です。**資料1**で明らかなように、寺中個人の構想と文部次官通牒、関連法の整備など、国の公民館制度確立のための政策が一体化した形で公民館の設置が進められてきました。**資料1**の①から⑧について、少しコメントをしてみたいと思います。

資料１　公民館の構想から設置まで

①1946年１月　寺中作雄が雑誌『大日本教育』新年号に論文「公民教育の振興と公民館の構想」を発表

②1946年７月　文部次官通牒「公民館の設置運営について」通知

③1946年９月　寺中作雄著『公民館の建設』刊行

④1946年11月　日本国憲法公布

⑤1947年３月　教育基本法公布

⑥1949年６月　社会教育法公布

⑦1949年７月　寺中作雄著『社会教育法解説』刊行

⑧1959年12月　文部省告示「公民館の設置及び運営に関する基準」制定

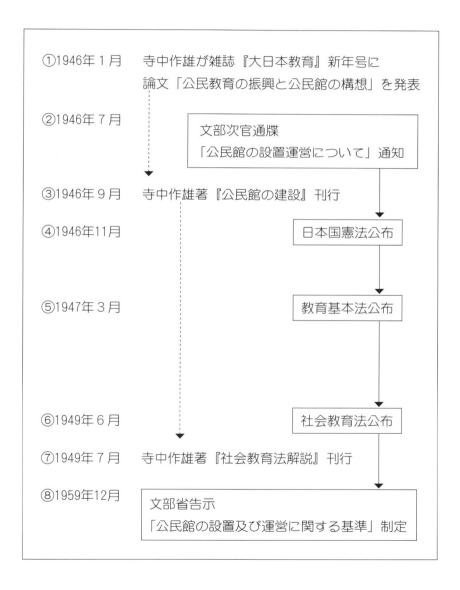

① 一九四六年一月、寺中作雄が雑誌『大日本教育』新年号に、論文「公民教育の振興と公民館の構想」を発表しました。

寺中はこの論文のなかで、「私は差当り今日公民教育の画期的振興を策すべき秋に当って全国各町村に於ける綜合的公民学校たる『公民館』の設置を提唱したい」と述べて、初めて公民館の構想を明らかにし、その設置の必要性について提唱しています。そして、公民館の役割を「公民館の構想は未だ私案の域を脱しないが、大体の思ひは之を以て全国各自治体に於ける社会教育の中心機関として義務教育の府たる国民学校に並んで其の教育的二大支柱の一たらしめんとするものであり教育的権威ある専任館長と数名の其の幕僚を当置せしめ不断に社会教育の施設を開設し、又常に町村民の親睦社交の場として開放し、日常茶談の中に其の文化的啓発と政治的向上を期せんとするものである」と位置づけています。このように公民館は、当初、「町村」に設置されるものとして構想されました。「市町村」設置として位置づけられるようになったのは、社会教育法制定以降のことになります。

さらに、「公民館の設置については其の負担、経費、管理、経営等すべて町村に於いて之に任ずるのが本旨である」としています。公民館は、当初から自治体設置の「全国各自治体に於ける社会教育の中心機関」として構想されているということです。また「全国一斉に制度としての公民館の設置が考へられぬ以上矢張り国費を以て相当額の補助なり負担なりが為されねばならぬ事は実情の要求する所である」と述べています。

最近、各地で公民館の有料化が問題になっていますが、寺中個人の構想の段階から公民館の経費は、自治体及び国の財政によってまかなわれるべきものであるということが明確にされています。利用者から使用料を徴収することは論外とされていたわけです。職員体制についても、つぎのようにかなり具体的な構想が論じられています。

公民館の職員は館長の外に町で五名内外、村で二三名の専任職員を置くべきで、其の待遇は少くとも国民学校長並に訓導の待遇以上を条件とし、館長には或は名誉的に名望有識家を戴く場合も考へられるであらう。職員は訓導教諭等の制度と別に新しい職名の公民館職員制度が創設さるべきであり、其の職員の養成の為には中央及主要なる地方に専門的な養成機関を作るなり、又は師範学校に公民館職員の専門部を附設するなり、兎に角特別の考慮が払はるべきである。公民館の職員は広く法制、経済、文学、政治学等の大要に通じて居なければならぬ事は勿論、時事一般について不断の研究研修を行ひ、常に時勢の流を察し、新しい幾多の問題に遅れる事なく興味と熱意を以て之に対処して行く真面目な態度が必要である。

（注：寺中作雄の論文の引用部分は、植原孝行が『公民館史資料集成』（横山宏・小林文人編著、エイデル研究所）と日本現代教育基本文献叢書『社会・生涯教育文献集Ｖ』（上田幸夫編、日本図書センター）に収められているものを比較検討し、不明な箇所については（財）東京市政調査会市政専門図書館の原本にあたり、旧漢字を新漢字にあらためたものを採用した）

しかし、こうした職員体制の構想は、やがて公布される文部次官通牒にそのままいかされることにはなりませんでした。そして、公民館の職員体制の拡充については、その後も継続した進展がないまま、今日まで推移してきています。

② 一九四六年七月に寺中作雄の論文「公民教育の振興と公民館の構想」の趣旨を基本的に継承する形で文部次官通牒「公民館の設置運営について」が作成され、同年七月五日付で全国の都道府県知事あてに送付されました。

この文部次官通牒は、一 公民館の趣旨及目的、二 公民館運営上の方針、三 公民館の設置及管理、四 公民館の維持及運営、五 公民館の編成及設備、六 公民館の事業、七 公民館設置の手続、八 公民館の指導、九 備考、という九項目で構成されています。

「一 公民館の趣旨及目的」の項では、「公民館は全国の各町村に設置せられ、此処に常時に町村民が打ち集って談論し読書し、生活上産業上の指導を受けお互いの交友を深める場所である。…（中略）…それは亦青年団婦人会などの町村に於ける文化団体の本部ともなり、各団体が相提携して町村振興の底力を生み出す場所でもある。此の施設は上からの命令で設置されるのでなく、眞に町村民の自主的な要望と協力によって設置せられ、又町村自身の創意と財力によって維持せられてゆくことが理想である」（中略＝引用者）と述べて、公民館を「お互いの交友を深める場所」であり、「町村振興の底力を生み出す場所」であると定義づけています。同時に、公民館は「町村自身の創意と財力」によって維持されていくべきものであるとしています。

「二 公民館運営上の方針」の項では、さらに公民館を詳細に定義しています。ここでは、公民館を

「民主的な社会教育機関」、「町村自治向上の基礎となるべき社交機関」、「郷土産業活動を振ひ興す原動力となる機関」、「民主主義的な訓練の実習場」、「中央の文化と地方の文化とが接触交流する場所」、「青年層の積極的な参加が望ましい」機関、「郷土振興の基礎を作る機関」としています。また、公民館を「社会教育施設」ではなく「社会教育機関」として位置づけていることに注目をする必要があります。公民館は、単なる「施設」ではなく「機関」として位置づけられています。一定の目的を実現するための組織体として位置づけられているのです。

「三　公民館の設置及管理」の項では、「公民館は町村立の営造物として町村に於て管理すること」と明記し、公民館は町村立（注・すでに述べましたが社会教育法の制定以降に市町村立となった＝引用者）の機関であり、町村によって管理されるものであるという原則を明確にしています。このことは現在も公民館を規定する大切な条件となっています。

「四　公民館の維持及運営」の項では、「公民館維持経理の財源も一般町村費及寄付金に依るのを原則とすること」、「公民館の経費を一般町村費で賄ひ難い場合は別に公民館維持会の組織を作り、公民館の設置運営に熱意ある特志者の支持によって円滑な維持経理を図ること」として、一般利用者による受益者負担について明確に否定しています。また、「公民館事業の運営は公民館委員会が主体となって之を行ふこと。公民館委員会の委員は町村会議員の選挙の方法に準じ全町村民の選挙によって選出するのを原則とすること」として、公民館運営の計画や具体的な方法を決定する運営母体として、公選制による「公民館委員会」を提唱しています。さらに「公民館長は公民館委員会から選出され又は其の推薦によって町村長が嘱託すること」、「公民館には専属又は兼任の職員を置いて公民館運営の仕事を担当させること。公民館職員は主事と呼び、館長が公民館委員会の意見に依って選定し、町村長が之を嘱託すること…（中略）…財政に余裕のある限り出来るだけ多くの練達堪能な実力のある人材を専任に嘱託する様にすること」（中略＝引用者）と述べています。しかし、寺中の論文「公民教育の振興と公民館の構想」における職員体制の提唱と比較すると、かなりトーンダウンした内容となっています。

五項目以降については時間がありませんので、ここでは省略いたします。ぜひ時間をつくって文部次官通牒の全文に目をとおしていただきたいと思います。公民館の原理、原則を再認識することができるだけでなく、現代の公民館がかかえている課題を克服していくためのヒントを数多く発見することができるからです。

この文部次官通牒を契機に全国の町村で公民館の設置が進められました。一九四九年に社会教育法が制定されるまでのあいだは、法の規定がないまま、公民館の設置と建設が進められたことになります。

③ 一九四六年九月に寺中作雄著『公民館の建設』（公民館協会）が刊行されました。

現在、国土社から復刻版が『社会教育法解説／公民館の建設』という表題で出版されています。この本は、一 何故公民館を作る必要があるか、二 公民館とはどんなものか、三 公民館はどんな機能をもつか、四 公民館はどう運営するか、五 公民館では何をするか、六 公民館は誰が運営するか、七 公民館にはどんな設備をするか、八 公民館はどうして作るか、の八項目で構成されています。文部次官通牒をわかりやすくひもとくことができる本ですので、ぜひ手にとって読んでいただきたいと思います。

④一九四六年十一月には日本国憲法が公布されました。

日本国憲法の第二十六条は、のちに制定される教育基本法と社会教育法に流れる社会教育や公民館の理念を明確にしている基本の条文として位置づけることができます。第二十六条（教育を受ける権利、教育を受けさせる義務、義務教育の無償）の条文は、つぎのとおりです。「すべて国民は、法律の定めるところにより、その能力に応じて、ひとしく教育を受ける権利を有する。②すべて国民は、法律の定めるところにより、その保護する子女に普通教育を受けさせる義務を負ふ。義務教育は、これを無償とする」。この条文の「教育を受ける権利」の理念が教育基本法の精神となり、社会教育法に受けつがれることになります。

⑤一九四七年三月に教育基本法が公布されます。

当初、社会教育の条文は教育基本法の第七条に規定されていました。当時の条文は、「家庭教育及び勤労の場所その他社会において行われる教育は、国及び地方公共団体によって奨励されなければならない。２国及び地方公共団体は、図書館、博物館、公民館等の施設の設置、学校の施設の利用その他適当な方法によって教育の目的の実現に努めなければならない」というものでした。

しかし、二〇〇六年の教育基本法改正において、社会教育を規定する条文は、「個人の要望や社会の要請にこたえ、社会において行われる教育は、国及び地方公共団体によって奨励されなければならない。２国及び地方公共団体は、図書館、博物館、公民館その他の社会教育施設の設置、学校の施設の利用、学習の機会及び情報の提供その他の適当な方法によって社会教育の振興に努めなければならない」となり、第十二条に位置づけられることになりました。

⑥そして、一九四九年六月に社会教育法が公布されることになります。

公民館については、現在、社会教育法第五章の第二十条から第四十二条に規定されています。社会教育法は、制定後、何度も改正されましたが、社会教育法の理念と規定にもとづいて市町村の公民館条例や公民館規則等が定められ、全国各地において公民館の設置と建設が進められてきました。

⑦一九四九年七月に寺中作雄著『社会教育法解説』（社会教育図書株式会社）が刊行されました。

全体は、〈総論〉第一章　わが国の社会教育の反省、第二章　社会教育行政の沿革、第三章　新しい社会教育の動向、第四章　社会教育法制定の経緯、第五章　社会教育法案提案理由とその大綱、第六章　社会教育法案の審議経過、と、〈各論〉第一章　総則、第二章　社会教育関係団体、第三章　社会教育委員、第四章　公民館、第五章　学校施設の利用、第六章　通信教育、附則という内容で構成されています。社会教育法が制定された直後に刊行された初めての社会教育法についての解説書です。これまで社会教育や公民館に関心をよせる人たちに広く愛読され、社会教育法が改正されるたびに社会教育と公民館の原点を見つめるという観点から活用されてきました。

⑧　一九五九年十二月には、文部省告示第九十八号として「公民館の設置及び運営に関する基準」が定められました。

社会教育法の条文に明記されていない、公民館の「対象区域」「施設の規模」「職員」等についての基準が具体的に規定されました。公民館を設置し、運営するときに必要な基準が示されたわけですので、この基準が公示された意味は大きかったと思います。しかし、あとで詳しく述べますが、この基準は二〇〇三年に大改正されました。改正によって具体的な基準の表現が抽象化・一般化されたものに変わりました。とても残念なことですが、公民館の発展を保障することにつながる改正ではなかったように思います。

二　日本国憲法・教育基本法・社会教育法に流れる理念

公民館は、全国の市町村に設置されていることが原則とされる社会教育機関です。なぜ全国の市町村に設置されていることが原則とされているのでしょうか、それは公民館が市町村独自の構想によって設置された機関ではないからです。それぞれの市町村には、公民館に類似した文化会館、市民会館、市民文化センター、文化ホール、コミュニティセンターなど、いろいろな名称の公共施設があります。

市町村にみられるこうした公共施設のほとんどは、国の教育関連の法律によって、その教育的意義や目的が規定されているものではありません。ですから、市町村によって施設の名称もさまざまです。ところが公民館は、それらの公共施設とはことなり、教育基本法と社会教育法に規定され、国の社会教育奨励という考え方にもとづいて市町村が設置している社会教育機関です。さらに、文部科学省の告示「公民館の設置及び運営に関する基準」によって、設置する場合の基準も定められています。国の法律に位置づけられている社会教育機関とは、国によって設置の必要性が求められているものであるということを意味しています。つまり、公民館は市町村が単独で設置している他の公的施設とは、その役割も機能も根本的にちがうものであるということです。

社会教育法の第一条には、「この法律は、教育基本法の精神に則り」と書いてあります。このことは社会教育法が、教育基本法の理念にもとづいて制定されていることを示しています。同じように教育基本法の前文には、「日本国憲法の精神にのっとり」と書いてあります。教育基本法は、日本国憲法の精神にのっとって制定されているということです。従って、公民館は、日本国憲法、教育基本法、社会教育法に流れる理念にもとづいて設置されている社会教育機関ということになります。

日本国憲法は、基本的人権、平和主義、民主主義、国民主権、国民の権利などを高らかに謳っています。教育基本法が日本国憲法の精神にのっとって制定されているということは、公民館が日本国憲法に流れる理念や精神にもとづいて設置されていることを示すわけですが、公民館を支える基本理念は、日本国憲法第二十六条に依拠していると考えられます。日本国憲法第二十六条は、すべての国民が学ぶ権利をもっていることを謳っています。そして、子どもたちについては、義務教育の期間を無償にするとして、その学ぶ権利を保障しています。しかし、小中学生以外の幼児や若者や成人の学ぶ権利については、どこで、どのような形で保障するかということについて言及されているわけではありません。

日本国憲法の理念にもとづいて制定された教育基本法の条文に、初めて社会教育と公民館という言葉が明記されました。そして、教育基本法の理念にもとづいて制定された社会教育法に社会教育機関としての公民館が具体的に規定されることになります。このことは公民館が国民の学ぶ権利を保障する社会教育機関として、教育法体系のなかに位置づけられていることを示しています。当初から義務教育としての小中学校とならぶ、学ぶ権利を保障するための教育機関として構想されているということです。人間の権利が保障されるという行為は、無償でなければなりません。ですから、日本国憲法に謳われている国民の学ぶ権利は、どのような状況にあっても、無償で保障されなければならないものなのです。公民館が無料で開放されなければならない理由の一つがここに存在しています。このように、日本国憲法、教育基本法、社会教育法に流れる公民館の理念は、学ぶ権利の保障としてとらえられなければならないと思います。

三　寺中構想と公民館

みなさんは、「寺中構想」という言葉を聴いたことがありますか？　この言葉は、寺中作雄が公民館構想の策定に際して中心的な役割を果たした人物であるということから生まれた言葉です。寺中は、一九四六年に『大日本教育』という雑誌の新年号に、「公民教育の振興と公民館の構想」という論文を発表して以降、一九四九年の社会教育法制定時までの期間、文部省において文字通り公民館の構想づくりに重要な役割を果たした人物です。

それでは、どの時点における、何を指して寺中構想と呼んでいるのでしょうか。そのことについては、さまざまな見解やとらえ方が存在していて、必ずしも一致した概念や定義が確立されているわけではありません。たとえば、小川利夫は、寺中構想を「たんなる個人的な公民館構想ではない」としてとらえ、つぎのように述べています[2]。

いわゆる寺中構想というのは、いずれのちにくわしくふれるように、たんなる個人的な公民館構想ではない。寺中作雄がはじめて公民館構想をあきらかにしたのは終戦の年の暮であったといわれるが、その当時、寺中は同じ年の十月に復活したばかりの文部省社会教育局の公民教育課長であった。この最初の寺中構想は、その後寺中が社会教育課長兼公民教育課長（四六・三）になるにおよんで本格的なものになり、四六年四月にはじめて「文部省の公民館構想」として公表され、ついで七月五日には「公民館の設置運営について」の次官通牒として通牒化されるまでにいたる。…（中略）…最初の寺中構想から通牒化への過程には、直接的に、いわゆる寺中構想の形成をささえた人々は決して少なくなかった。たとえば、小野武夫、下村湖人および鈴木健次郎など「いずれも戦前から田沢義鋪氏らと共に青年団・壮年団の指導にあった人々」が、それである。（中略＝引用者）

一方、朱膳寺春三は、寺中構想は私案としてとらえられるべきであるとして、つぎのように論じています[3]。

寺中構想とは、昭和二十一年の大日本教育一月号（第八〇〇号）に、文部省公民教育課長（後に社会教育局長）寺中作雄（以下人名には敬称略）が、『公民教育の振興と公民館の構想』を発表したのが、一般に「寺中構想」と呼ばれている。同時にこれは、公民館発想の原点でもある。寺中構想については、いろいろの説があるが、いずれも真実を伝えていない。…（中略）…「次官通牒」をもって「寺中構想」とし、あるいは『公民館の建設』をもって「寺中構想」として、取り上げることについては、個人的見解に属することであるから、その当否は別としても「寺中構想」とは、いうまでもなく、寺中個人の思想の骨格であって、その原点は寺中が初めて明らかにした昭和二十一年の帝国教育雑誌の新年号に発表したと称する「戦後社会教育の振興と公民館の構想」（昭和二十九年「社会教育」第九巻六月号）にほかならない。…（中略）…その内容はあくまでも、私案と断って提案していることからみても、また「寺中」と個人名を冠する限り、これをもって「寺中構想」とするのが妥当と考える。（中略＝引用者）

小林文人は、寺中構想を「初期公民館構想」としてとらえ、寺中構想は「個人的な発想にとどまらず」、「戦後の新しい精神に導かれて登場してきた」ものであると位置づけながら、寺中構想と公民館制度発足の関連について、つぎのように述べています。(4)

戦後における公民館制度の発足は、公的には一九四六（昭和二十一）年七月五日、文部次官通牒「公民館の設置運営について」（発社一二二号、各地方長官あて）にはじまる。当時の日本は占領下初期にあり、そのなかで戦後教育改革の努力がようやく始められた頃であった。しかし次官通牒にもられた公民館構想はアメリカ占領軍の直接的な指導にもとづくものではなく、また戦後教育改革の一環としての性格も当時としては比較的弱かった。第一次米国教育使節団報告書（一九四六年三月）のなかにも公民館についての特段の指摘はない。公民館構想はむしろ極めて日本的土着的性格の強いものであった。戦後いち早く打ち出された新しい施設構想であるにしても、戦前からの地域における社会教育施設や活動、あるいは青年団指導の歴史的系譜と無縁なものではなかった。戦後公民館構想の戦前的系譜として農村公会堂、全村学校、あるいは市民館（隣保館）等の構想や活動に注目すべきであるという指摘があり、また公民館構想・次官通牒の実質的立案者である寺中作雄と結ぶ人脈を通して青年団指導者田沢義舗、下村湖人、小野武夫等の影響も無視できないと考えられる。初期公民館構想は一般に寺中構想とよばれるが、その意味で寺中構想は決して個人的構想にとどまらず、また同時に戦後的産物とのみ単純に位置づけることもできない。戦後社会教育が戦前・戦中社会教育の継承と断絶の上で新しい歩みをはじめたように、公民館構想もまた戦前的系譜の継承の上に、同時にそれらとは一線を画する戦後の新しい精神に導かれて登場してきたということができよう。

公民館の構想は、寺中の論文「公民教育の振興と公民館の構想」からスタートしていることはまちがいのない事実です。しかし、寺中構想をどのようにとらえるかについては、小川、朱膳寺、小林らの見解にもみられるように、普遍的なとらえ方が確立されているわけではありません。

私は、寺中の論文「公民教育の振興と公民館の構想」に始まり、寺中の著書『公民館の建設』の刊行に至るまでの公民館構想の流れと、その間に構築された公民館に関する一定の価値観を寺中構想として位置づけるべきではないかと思います。

また、寺中構想とは何を指すのかという議論と同時に、寺中構想をどのように評価すべきかという検討も大切にされなければならない課題です。

小川は、「歴史的イメージとしての公民館とその体制化」の問題についてふれながら、つぎのように寺中構想にたいする見解を述べています。(5)

いわゆる寺中構想は、敗戦後にもなお根強く生きつづけた日本的ナショナリズムの一つの表現形態であった、といえるであろう。…（中略）…いいかえるなら、いわゆる寺中構想は、少なくともその主体的形成要因において、必ずしも戦後「民主化」の産物とはいえない。それはむしろ戦前からの「歴史イメージとしての公民館」構想が、終戦直後の混乱の中で新しい粧いのもとに開花したものであり、この意味ではけっして画期的なものでも何んでもなかった。…（中略）…寺中構想の法制化、つまり「公民館の法制化」を中心とした社会教育法の制定は、それを単純に戦後「民主化」の成果として喜び迎えるわけにはいかない。（中略＝引用者）

酒匂一雄は、「社会教育法の実態的機能」との関連で寺中構想が内包している矛盾点を具体的に指摘しながら、つぎのように批判的検討を試みています(6)。

初期の公民館構想にみられた、公選制の公民館委員会を、公民館運営の執行機関とする制度も消え、教育委員会の委嘱による公民館運営審議会は、館長の単なる諮問機関となり（第二九条・三〇条）、公民館の実質的運営は、その管理権、職員任命権をもつ教育委員会、とくに教育長の権限となった。…（中略）…さらに、「社会教育の自由」の守護神かとおもわれた寺中氏も、おなじ法解説書（『社会教育法解説』＝引用者）のなかで、「社会教育関係団体の仮面をかぶって、真に目的とするとは特殊意図の思想運動であったり政治運動であったりする団体に対してまで、政府がこれを援助するいわれはない」と、急にいたけだかに内務省出身官僚のヨロイをのぞかせている。…（中略）…寺中氏の「公民館には各種団体機関等の連絡調整のために、各種団体機関等の事務所を置き、またそれらの機関代表が、公民館運営審議会の委員として参加すること等によって一の有機的活動体としての役割を果たす」という法解説と読みあわせるとき、公民館が、寺中氏のイメージだけでなく、法制上も、戦前内務省の地方改良・自治民育運動や教化運動の流れをくむといえないだろうか。…（中略）…こうして、地域における保守的支配層を中心とする社会教育体制の再編成が志向されたのではないか。…（中略）…たしかに、国民教育権とみまがう規定（第三条）、団体にたいするノーサポート・ノーコントロールの原則（第十一条〜第十二条）、社会教育委員や公民館運営審議会委員制度のポピュラーコントロール的な一面など、近代公教育思想の流れをくむ「民主的側面」はある。だがこれは、もちろん、当時の保守的支配層や文部官僚が積極的に意図したものではなく、憲法や教育基本法など、それまでの民主的な教育法規のワクのなかで、また占領軍対策や国会とくに革新勢力のつよい参議院対策用にとられたポーズ、あるいはカムフラージュではなかったのか。…（中略）…憲法や教育基本法に逆行するような社会教育法の基本的性格にもかかわらず、戦後、全国各地で、部分的ではあれ、民主的な社会教育の実践が試行展開され、法の非民主的な運用をさまたげてきたのも、また、将来にわたって、民主的な社会教育の実践を展望しうるのも、この法の「民主的側面」を根拠にしてである。そういう意味で、――とくにちかい将来、法の全面改正による「民主的側面」の廃絶が警戒されるとき――この「民主的側面」の実体としての機能を過少評価したり、これを現実のものとする民主的社会教育の実践を軽視したりしてはならないのである。（中略＝引用者）

小川や酒匂が指摘しているように、寺中構想が内包している「民主的側面」と「日本的ナショナリズムの一つの表現形態」であり、「地域における保守的支配層を中心とする社会教育体制の再編成」につながりかねないという相反する二つの要素をどのようにとらえながら構想の全体を評価するかという課題が存在しています。従って、寺中構想を部分的にとらえて過剰な評価をしたり、一面的な判断によって必要以上の否定的な見方をしてはならないと思います。寺中構想がもつ戦前の体制づくりにつながりかねない負の側面を認識しながら、同時に寺中構想と社会教育法体系が保持している「民主的側面」を具体的に明らかにし、公民館が依拠すべき部分とその根拠を明確にしていくことが大切なのではないでしょうか。そして、依拠すべき部分と根拠にもとづいた公民館活動を積極的に展開していくことが必要だと思います。

四　公民館が構想された背景と公民館を作った三つの理由

千野陽一は、公民館発足時から社会教育法の公布前後までを「初期公民館活動」の時代としてとらえ、公民館は「為政者による期待」と「住民の具体的・現実的な生活要求」を背景に構想され発展してきたものであるとして、つぎのように論じています(7)。

四九年六月には設置率が全国市町村総数の三八・〇％におよぶほど、急速に発展していく公民館は、同年六月一〇日の社会教育法公布前後まで、市町村行政の総合連絡機関としての性格をになわされながら、たんにその機能だけにとどまらず、むしろ、農林行政・福祉行政・社会教育行政など市町村行政の第一線にたって、はなばなしく各種の事業をくりひろげている。…（中略）…初期公民館がこのように飛躍的な発展をとげた理由については、ふつう、つぎのように説明されている。「権力の公民館構想が地域支配層・地方行政当局に支持される理由は十分にあった。彼らの期待は、公民館が地方行政を円滑化するための補助機関になることであり、権力もまたその構想のなかでこの機能を重視していた」（宮坂広作「社会教育の施設」小川利夫・倉内史郎編『社会教育講義』明治図書、一九六四年＝引用者）。のちにみるように、為政者による公民館にたいすることのような期待が、一貫して初期の公民館活動につらぬかれていたことは事実である。しかし、公民館にたいする国政→地方行政の滲透機関としての国からの期待と市町村行政当局者によるその受入れという指摘だけでは、なお、初期公民館の発展とその活動内容をじゅうぶんに説明しつくすのは困難のように思われる。なぜなら、初期公民館の建設に深くかかわった広範な市町村住民の具体的・現実的な生活要求――敗戦後しばらくつづく混迷のなかで、家のたてなおし・むらの復興・生活の安定をねがう、住民の切実な生活要求――をみのがしてしまうおそれが生じてくるからである。…（中略）…失業者・引揚者・復員者など日々の生活の資にことかく人びとの生活安定をどこでどう考えていくのか、また、農地改革後にひろく創出された自作農民の生産復興・生産拡大の要求をどこでどう充足させていくのか、さらに、敗戦後の一時期にみられた一般的な「道義の頽廃」現象、とくに青少年問題の発生などの問題をどこでどう解決していくのかなど、なまなましい生活課題が地域に渦まいていたのである。そこに打ちだされたのが、いわゆる「寺中構想」による公民館の提唱であり、公民館は、よく知られているその「万能」的性格のゆえに、地方行政の空白をうずめ課題解決の道をさししめすものとして、ひろく地域住民から支持される側面をもって登場してきたのである。（中略＝引用者）

千野が指摘しているように、公民館は「為政者による期待」と「住民の具体的・現実的な生活要求」を背景に構想されたものであるということをしっかりと認識しておく必要があります。

公民館が初めて国民の前に姿をあらわしたのは、文部次官通牒の公布によってのことでした。ですから、文部次官通牒が公布された一九四六年七月五日は、公民館の誕生日ということになります。公民館の構想が寺中作雄個人の名前ではなく、文部省の公の文書によって初めて世の中に公表された日だからです。

寺中作雄の著書『公民館の建設』の最初の項は、「一　何故公民館を作る必要があるか」という表題になっています。そこには公民館を作った三つの理由が述べられています。

一つ目の理由は、「民主主義を我がものとし、平和主義を身についた習性とする迄にわれわれ自身を訓練」するためということです。寺中は、「民主主義は形だけ、口先だけではいけない」、「平和主義は名目上、空想上のものであってはならない」と述べています。みなさんの公民館では、民主主義や平和主義に関係する事業や活動が、どのように取りくまれていますか？

とても恥ずかしいことですが、私が勤務した公民館では、過去に民主主義や平和主義の問題に取りくんだことがないところがほとんどでした。そうした公民館へ異動するたびに、地域の住民のあいだに民主主義や平和主義の理念を身につけるための学びと交流が広がるようにさまざまな努力を行ってきました。民主主義と平和主義の理念を身につける学びの場として公民館が構想されているのに、そうした課題に関連した事業や活動が取りくまれていないというのはおかしな話ですよね。公民館を設置した意味がいかされていないということになるではありませんか。

平和主義の問題では、地域のみなさんといっしょに「平和を考えるつどい」、「原爆写真展」、「戦争映画の上映」、「被爆者の体験を聞く講座」などに取りくんできました。そうした活動に取りくんでみると、地域の人たちが平和に対して高い関心をもっていることがよくわかります。なのに、公民館がそうした要求に対応する事業や活動をおろそかにしているという現状があります。なぜそうなっているかというと、職員自身が、「平和の問題に取りくむことは難しい」「公民館で平和の問題を取りあげると思想的に右だとか、左だとかいわれて難しいことになる」「平和運動を行っている団体の人たちがたくさん参加してきたらどうしよう」などと、時代錯誤のようなことを考えているからです。

地域の人たちが平和のことを考えたい、学びたい、平和の活動を行いたいという要求をもっているのに、そして、公民館は平和主義の理念を身につける場として構想されているのに、職員がそこから身を引いているという現実があります。これではいつになっても公民館にはなりませんね。こうしたことは、一刻も早く克服されなければならないと思います。

二つ目の理由は、「豊かな教養を身につけ、文化の香高い人格を作る様に努力」するためということです。寺中は、「自発的に考え、自分で物事を判断するには先ず自らを教養し、広い常識と深い見識を養って、如何なる事にも、はっきりした見通しと不動の信念が出来ねばならない。他人と協調し、他説を尊重するには、相手を理解するだけの雅量と、活発に討議する為の文化的素養がなければならない」と述べています。主体的に物事を考え、自分の意見を他人に伝えることができ、他人の意見をきちんと聴くことができる人格、そして、他人といっしょに行動ができる人格を「文化の香高い人格」と位置づけています。そのような人格をつくり、みがきあげていく場として公民館が構想されています。

三つ目の理由は、「身についた教養と民主主義的な方法によって、郷土に産業を興し、郷土の政治を立て直し、郷土の生活を豊かに」するためと書いてあります。そして、「郷土の産業が興らないのは、われわれに科学的育識が乏しく協力の実が上がらないからだ。郷土の政治が沈滞しているのは、われわれに愛郷の念と協同心が乏しいからだ。郷土の生活が充実しないのは、お互いが真の友愛と誠実とを以って交わらないからだ。広く深い文化的教養を身につけ、平和的に考え、民主的に行動し、睦じい友愛に結ばれて、みんなが気合を合せ、魂を融け合せて、大いに働き、大いに楽しみ、お互いの郷土固めにいそしむならば、そこに意義あり希望に富んだ人生の道が開け、これが文化日本、平和日本建設の礎となるであろう。われわれが今、やるべき仕事はそれなのである」とも述べています。

これまで話してきました公民館の理念と役割を図で描くと、左記の**資料2**のような形になるのではないかと思います。

資料2　公民館の理念と役割

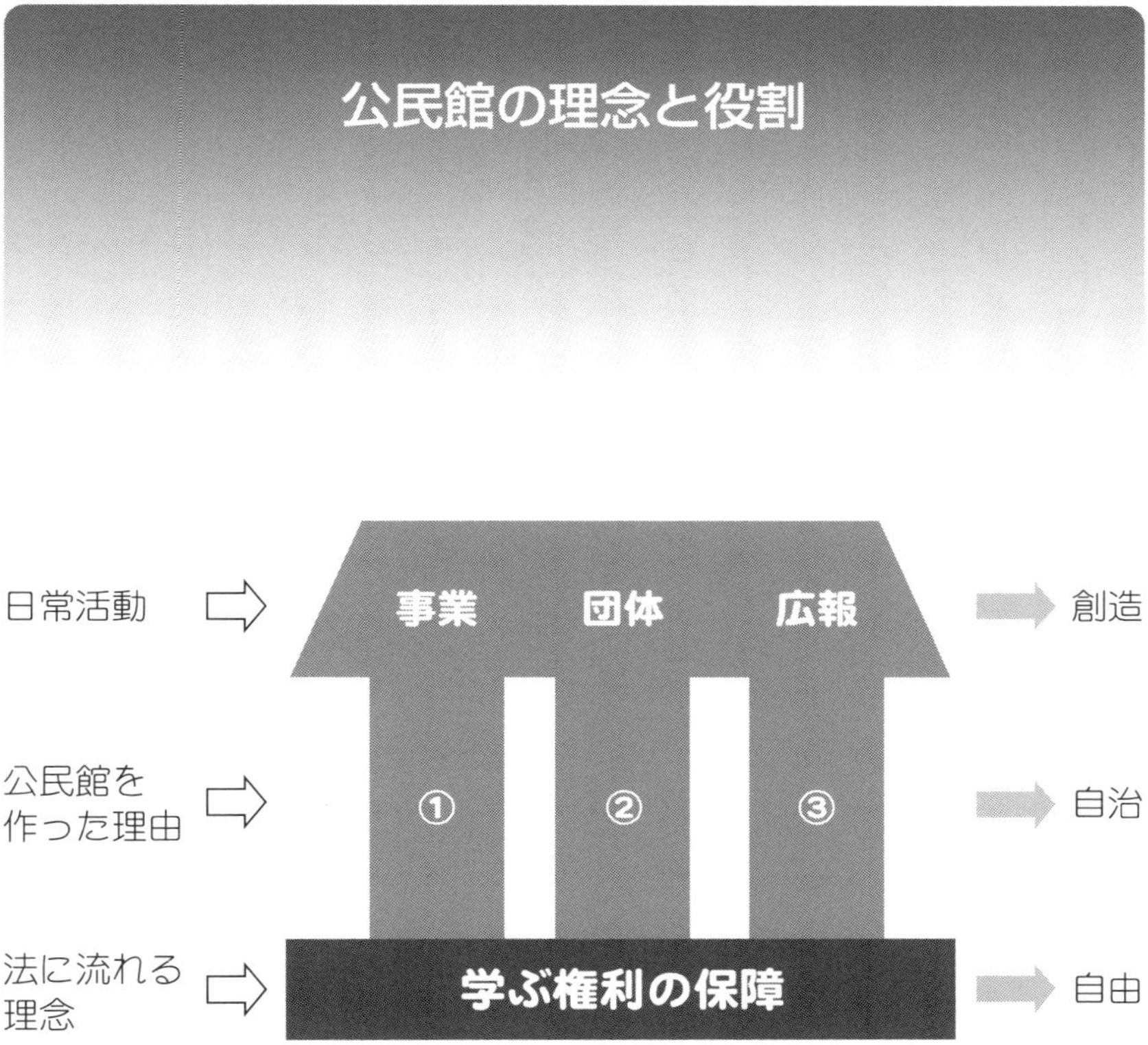

① 民主主義と平和主義の理念を身につける。

② 文化の香高い人格をみがく。

③ 地域に産業を興し、地域の政治を立て直し、地域の生活を豊かにする。

資料2の図を見てください。上の部分が公民館の屋根です。屋根は何によって支えられていますか？（会場から柱という声あり）そうですね。柱ですよね。公民館という建物の屋根を支えている柱は三本と覚えてください。屋根の下に三本の柱を書きますね。では、柱を支えているものは何ですか？（会場から土台という声あり）そうです。土台ですよね。三本の柱の下に土台を書いてみます。公民館は建物の規模も形もみんなちがいますが、どの公民館もこの図のような骨格で建築されています。屋根があって、柱があって、そして土台があります。屋根のない公民館なんて見たことがありませんよね（笑）。この図は、公民館が建築上こうなっているということだけでなく、公民館の理念と役割を説明するために一番わかりやすいのではないかと考えて作成してみたものです。最近、この図を描いて各地で公民館の理念と役割について解説するようにしています。

屋根の部分を公民館の活動に置きかえて考えてみます。現在、全国の公民館で共通して行われている活動は主催事業です。それから、グループ・サークル、自治会、商店会、ＰＴＡ、青少年育成会、子ども会、社会福祉協議会、民生委員協議会、ＮＰＯなど、各種団体の活動をあげることができます。どこでも、こうした団体の活動は、公民館活動の主流をなしています。そして、もう一つの共通した活動は広報活動です。公民館だよりの発行や事業のチラシ、ポスターの作成など広報に関係した活動です。この三つの活動は、全国どこの公民館においても共通してみられる代表的な活動です。

冒頭でも話しましたが「ただ賑やかなだけの公民館」というのは、この図で説明しますと、職員と住民が、屋根の部分のことしか考えていない公民館です。屋根の部分の活動が土台と柱に依拠していないわけですね。そうした認識のもとでは、どんなに頑張っても「公民館らしく賑やかな公民館」になることはできないと思います。

主催事業も数多く実施されている、団体の活動も活発に展開されている、公民館だよりも毎月発行され、全戸配布されている、そうした公民館であっても職員と住民が、この図の屋根のことしか考えていない公民館は、「ただ賑やかなだけの公民館」になってしまいます。逆に、「公民館らしく賑やかな公民館」は、職員と住民が土台と柱に依拠しながら屋根の部分の活動を豊かに発展させている公民館です。

日本国憲法、教育基本法、社会教育法に一貫して流れている法の理念は、学ぶ権利の保障ということです。そのことは、この図の土台の部分に位置します。公民館が無料でなければならない一つ目の理由がここにあります。そして、寺中が公民館を作った理由としてあげている三つの内容は、土台の上に立って屋根を支えている三本の柱に置きかえて考えることができます。民主主義と平和主義の理念を身につける。他人を大切にし、他人のことを考え、他人といっしょに行動できる文化の香高い人格をみがく。地域に産業を興し、地域の政治を立て直し、地域の生活を豊かにする。この公民館を作った三つの理由は、どの理由をみても個人が豊かになればよいというレベルを超えたものとなっています。こうした観点からみても、公民館は、単に個人の欲求を満たすためだけの貸会場でないことは明らかです。個人が豊かになるための学びや活動を行う施設ではなく、学びながら力をあわせて住みよい地域をつくる主体を形成するための機関として構想されています。社会教育法第二十条は、そうした場としての公民館を想定しながら、公民館の目的を規定しています。公民館が無料で開放されなければならない二つ目の理由がここにあります。豊かな地域をつくる主体を形成するために学び、活動している人たちから使用料を徴収するわけにはいかないわけです。このことは、文部次官通牒でも明らかにされていることです。

公民館は、個人が知識と技術を習得するだけの場ではなく、地域社会を創造する主体を形成するために学びあい、活動しあう社会教育機関として位置づけられています。生活課題・地域課題にかかわる学びを大切にしながら、地域を豊かにする主体を形成するために学び、活動し、連帯しあう、地域づくりの拠点、それが公民館なのです。

最近、行政政策の一環としてコミュニティづくりということがさかんに叫ばれるようになりました。こうした行政の住民対策・政策としてのコミュニティづくりは、住民の主体を形成するという学びの観点がぬけ落ちていること、「協働」などという言葉で表面的な住民参加を促しながら、基本的には行政主導を貫くことを前提としたものであること、などの点で公民館における住民を主人公とした地域づくりとは、その本質を異にするものであるということができます。今後、行政サイドと公民館サイドによる話しあいによって、お互いのかかえている問題点を整理しあいながら、両者の役割分担と新しい協力関係を再構築していくことが必要だと思います。

このように、公民館の活動は、現行法が規定している学ぶ権利を保障する理念と、寺中の公民館を作った三つの理由と、社会教育法第二十条の公民館の目的に依拠しながら展開されていかなければならないものです。

資料2の土台の部分にあたる学ぶ権利の保障は、「自由」な活動が無料で保障されなければならないことを意味しています。また、公民館を支える三本の柱の意味をトータルにとらえた地域づくりの主体を形成する拠点としての部分は、参加というレベルを超えた「自治」の理念を基本にした学びあいと地域づくりの活動が、同時に進められていかなければならないことを意味しています。ですから、公民館における活動は、参加を超えた「自治」の活動としてとらえることが必要です。さらに、屋根の部分にあたる活動は、学びと交流と連帯の活動を「創造」する世界としてとらえることができます。つまり、公民館は、学びと活動の「自由」と「自治」と「創造」をキーワードにした社会教育機関として位置づけることができると思います。

公民館は、市町村行政のコミュニティづくり構想に代表される行政中心の地域づくりの政策や対策を請け負う場ではありません。地域に住んでいる住民どうしの学びあいによって、その地域ならではの独自の価値観が形成され、住んでいる人たちが必要とする地域を住民自身が主体となって創造していくための拠点として位置づけられる必要があります。公民館が、そうした役割を果たす場として機能するために最低必要な条件は、住民の学ぶ権利が保障されているということです。ですから、公民館は文部科学省の所管する社会教育機関として、市町村の教育行政にきちんと位置づけられなければならない存在なのです。公民館は当初から、そうした位置づけのもとで構想された社会教育機関であるということを、しっかり認識しながら仕事をしていく必要があります。

各地の公民館職員研修会でこのような話をしますと、「寺中さんの構想は戦後まもなくのことでしょう。いまはパソコンの時代です。パソコンの時代に、戦後まもなくのときの話を聴かされてもどうかなと思いますが……」という意見がだされることがあります。

そうした意見や質問がだされたとき、私はそういう意見をもっている職員に、逆に質問をしてみることにしています。「いま、民主主義や平和主義のことを考えることが古いことですか？　地域でお互いのことを思いやりながら、みんなで意見をだしあい、いっしょに行動しあうことが古いことですか？　地域の産業をさかんにし、政治を良いものにして、豊かな地域社会をつくっていくことが古いことなのですか？　このことが古い課題だというなら、それではあなたが考えているパソコンの時代における新しい課題とはどのようなことを指すのですか？　具体的に教えていただけませんか？」と、いうようにです。そうすると不思議なことに、みなさん異口同音に「よく考えてみると、寺中の構想は、現代においても十分に通用する課題提起だ」というようになっていきます。

次ページの**資料3**は、私自身が担当して取りくんできた公民館事業を寺中の公民館を作った三つの理由に振り分けて整理してみたものです。わかりやすくするために三つの理由の表現を変えてある部分もあります。いま、自分が公民館職員だったら取りくんでみたいと考えているもの（〇で表示）を含めて整理してみました。内容によっては、二つ以上の理由にまたがる事業が存在することはいうまでもありません。**資料3**を見ていただくとわかると思いますが、寺中の公民館を作った三つの理由は、現代社会においても十分に通用する内容を保持しています。

構想された時代が古いから、新しい理念づくりを検討すべきであるという議論をするまえに、これまで法の理念、文部次官通牒、公民館を作った三つの理由、社会教育法第二十条の公民館の目的にもとづいた実践がどのように取りくまれてきたのかということを総括することが大切です。なぜなら、法の理念や文部次官通牒や公民館を作った三つの理由や社会教育法第二十条に依拠した取りくみが圧倒的に不十分であったという事実があるからです。

資料３　公民館を作った三つの理由と公民館事業

公民館を作った三つの理由		取りくんできた公民館事業
①民主主義と平和主義の理念を身につける	民主主義の理念を身につける	・福祉と医療を考える講座 ・憲法講座　・地方自治入門講座 ・人権と差別に関する事業　・マスコミ講座 （・貧困問題に関する事業）など
	平和主義の理念を身につける	・平和を考える講座　・平和のつどい ・被爆者の体験を聞く講座 ・原爆の写真展　・平和に関する映画会 ・戦争体験を語る会　など
②文化の香高い人格をみがく （・主体的に物事を考える人格 ・自分の考えを他人に伝えることができる人格 ・他人の意見を聴くことができる人格 ・他人と一緒に行動できる人格）		・ボランティア入門講座　・地域文庫講座 ・公民館を学ぶ講座 ・グループ、サークル研修会 ・手づくり絵本入門講座 ・地域の歴史を学ぶ講座 ・団体活動や団体活動活性化に関する関する事業 ・教育問題に関する講座　・家庭教育学級 ・青年講座　・障がい者を対象にした事業 ・国際交流や異文化理解につながる事業 ・食生活や健康問題の講座　・防犯、防災講座 ・自然保護や環境問題に関する講座 ・文化財保護に関する事業　・子育て教室 ・まちづくりセミナー　・社会見学など
③地域に産業を興し、地域の政治を立て直し、地域の生活を豊かにする	産業を興す	・小売店の課題を取りあげた講座 ・子どもたちの小売店体験 （・限界集落問題に関する事業） （・第一次産業の課題を取り上げた事業）　など
	政治を立て直す	・地域の競馬場問題を考える講座 ・政治講座　・時事問題講座 （・政党代表者によるシンポジウム） （・議会の見学や傍聴）　など
	生活を豊かにする	・スポーツ、レクリエーションに関する事業 ・一般教養に関する講座　・世代間交流事業 ・趣味実技の入門講座　・生きがいづくり ・公民館まつり　・子どもまつり ・自分史づくり　など

たとえば、公民館を作った理由の最初にあげられている平和主義の理念を身につけるための活動は、これまでどのような形で全国の公民館で取りくまれ、今日までどのような広がりや蓄積を生みだしてきたのでしょうか？　そのことをきちんと総括しないまま、寺中の提起している理念は六十余年以上もまえのものだから再検討すべきであるなどという安易な発想は、本末転倒なのではないでしょうか。法隆寺の建物やベートーベンの曲は、古い時代に作られたものなので、現代的なものに作りかえるべきであるといっているのと同じことだと思います。

資料3で明らかなように、寺中が述べている公民館を作った三つの理由は、現代社会において十分にいかすことができる、きわめて現代的な課題提起としてとらえることができます。もちろん、小川利夫や酒匂一雄が指摘しているように、寺中の構想が内包している負の側面を見逃してはならないと思います。負の側面を重視しながら、法体系に謳われている権利としての学びの理念や、寺中の公民館を作った三つの理由、そして、社会教育法第二十条の公民館の目的にもとづく活動を旺盛に展開していくことが必要です。そのことの蓄積が「地域における保守支配層を中心とする社会教育体制の再編成」を阻止する力につながるからです。

時代の発展や変化に伴って生じるさまざまな新しい課題を公民館の活動に取りあげることと、公民館を作った三つの理由や社会教育法第二十条の公民館の目的にこだわることは、お互いに競合するものでもなく、矛盾をうむものでもありません。ですから、一面的な価値判断によって「寺中の構想はもう古い」という評価を短絡的にくだすべきではないと思います。逆に、寺中の構想がもつ民主的な側面を武器にしながら、これからの公民館活動の発展を構築していくことが必要です。寺中の構想が保持している公民館の発展につながる実践的な根拠を公民館職員のレベルで明確にし、みんなで共有しあうことが大切だと思います。

現行の法制度に流れる学ぶ権利を保障する理念、寺中の公民館を作った三つの理由、社会教育法第二十条の公民館の目的に、職員はもっとこだわりながら仕事をするべきです。**資料２**（前掲五十五ページ）の図の土台と柱の部分を、もう一度ていねいにひもときながら、現代社会における公民館活動の新しいあり方を再検討すべきなのではないでしょうか。

新しい公民館の理念を再構築する議論は、寺中構想にもとづく現行の法制度のあり方と公民館の基本理念を、見直すことであり、当然のことながら、法改正を視野に入れた検討を行っていくことにほかなりません。公民館の基本理念を新しく再構築していくための議論と、現行の法制度と基本理念を大切にしながら、そのときどきの時代に即応した新しい公民館活動を創造・発展させていくための議論を混同させてはならないと思います。

五　「公民」という言葉が意味するもの

寺中作雄の著書『公民館の建設』の二つ目の項は、「二　公民館とはどんなものか」という表題になっています。寺中は、この項のなかで公民館における「公民」という意味を、つぎのように定義し

ています。(8)

公民館は公民の家である。公民たる者が公民の資格に於て集まり、其処で公民として適わしい修養や社交をする施設と言う意味である。此処に公民と言う言葉は市制町村制に於て市町村の公務に参与する為の資格即ち選挙資格を持つ者として定められた条件に該当する市町村の住民の意味ではない。即ち法律上の公民資格ある人の意味でなく、実質上の公民資格ある人又は資格を得んと努める人の意味である。言い換えれば、自己と社会との関係についての正しい自覚を持ち、自己の人間としての価値を重んずると共に、一身の利害を超越して、相互の助け合いによって公共社会の完成の為に尽す様な人格を持った人又は其の様な人格たらんことを求めて努める人の意味である。

そして、公民館は、「この公民と言う観念に当る、社会的な人格、公共を重んずる性格を持った人」たちが、「郷土を足場としてその様な公民的な性格をお互いに陶治修養する場所なのである」と述べています。さらに、公民館は、「単なる学校でもなく、単なる集会所でもない。学校の施設を使って設置される場合もあるが、学校の如く、教師と生徒との間に一方的な教育作用が行われる事が本体でなく、自ら修養し、平等の立場で相互教育が行われる事が本体となっている教養施設である。集会所の如く、常に町村民の各種の集会が持たれる施設ではあるが、漫然と集って会合をもつのが目的ではなく、日本の民主化の為に、正しい公民資格を養成する為に、真面目な楽しい会合を持つのが目的である。…（中略）…公民館は単なる施設、単なる建物ではない。…（中略）…この施設に集って、設備を利用する人の精神が民主的でなく、公民精神に欠けて居る様であれば公民館とは言えない」（中略＝引用者）とも述べています。

公民館は、「公民」と「館」という言葉が組みあわされて構成されています。公民館職員は、公民館における「公民」という言葉がもつ意味について、もっと認識を深める必要があると思います。

六　公民館のあり方に関する提言

すでにご承知の方が多いと思いますが、これまで公民館のあり方について、いくつかの提言が行われています。本日は、時間がありませんので、そのなかから二つの提言にしぼって、内容の概略を紹介してみたいと思います。その一つは、一九六八年に全国公民館連合会によって提言された「公民館のあるべき姿と今日的指標」であり、あと一つは、一九七四年に東京都がまとめた「新しい公民館像をめざして」（三多摩テーゼ）という提言です。

前者の「公民館のあるべき姿と今日的指標」では、公民館の目的と理念を「公民館活動の基底は、人間尊重の精神にある」「公民館活動の核心は、国民の生涯教育の態勢を確立するにある」「公民館活動の究極のねらいは、住民の自治能力の向上にある」の三点に求められるべきであり、公民館の役割は、「集会と活用」「学習と創造」「総合と調整」にあると提言しています。さらに、公民館の特性について、つぎのような提言を行っています。[9]

1　地域性

公民館は、民主的な地方自治をうちたて、地域の生活環境をととのえるために、生活課題や地域課題を発見し、その解決の方途を探求する場である。このためには生活連帯意識をささえる地域性が重視されなければならない。しかし、反面、陥りやすい地域閉鎖性をさけ、広く内外の社会の推移に眼をひらく必要がある。

2　施設性

公民館は、教育施設としての特質が強調されなければならない。計画的・継続的で多様な活動を展開するためには、専用の施設と設備とが必要であり、とくに時代の進展に即応する教具・教材がゆたかに導入されなければならない。

3　専門性

公民館は、専門の職員によって経営されるべきである。しかも、公民館の機能を効果的に発揮するには、職員の識見・技術・熱意にまつところが大きい。したがって、施設経営の能力を高めるため、職員の不断の研修が奨励されなければならない。

4　公共性

公民館は、公立たると私立たるとを問わず、公共性をもつ。教育の機会均等・非営利性および独立性を確立するために、公共性を絶対の条件とする。

さらに、公民館がもつべき今日的指標、地方教育行政ならびに一般行政と公民館との関係、望ましい公民館の体制と配置などについて具体的な提言が示されています。

一方、東京都の「新しい公民館像をめざして」は、公民館の「四つの役割」と公民館運営の基本に関わる「七つの原則」を明記していることによって注目をあびました。提言に謳われている「四つの役割」と「七つの原則」は、つぎの通りです[10]。

公民館とは何か――四つの役割――

1．公民館は住民の自由なたまり場です。
2．公民館は住民の集団活動の拠点です。
3．公民館は住民にとっての『私の大学』です。
4．公民館は住民による文化創造のひろばです。

公民館運営の基本――七つの原則――

1．自由と均等の原則――公民館は、住民に自由に、そして、均等に開放されなければなりません。
2．無料の原則――公民館は、無料で住民に開放されなければなりません。
3．学習文化機関としての独自性の原則――公民館は、住民の学習文化機関としての独自性を持たなければなりません。

4．職員必置の原則――公民館には、専任職員が必置されなければなりません。

5．地域配置の原則――公民館は、住民にとって身近な場所に設置されなければなりません。

6．豊かな施設整備の原則――公民館の施設は、住民の求めにそった豊かな内容のものでなければなりません。

7．住民参加の原則――公民館は、住民の参加によって運営されなければなりません。

その他、公民館の施設、公民館がめざすべきもの、公民館職員の役割（基本的な役割、組織体制、職務内容、勤務条件、任用研修、職員集団）についても具体的な提言が行われています。時間の関係から、この二つの提言についてこれ以上詳細に触れることは困難です。関心のある方は、二つの提言の全文に目を通していただきたいと思います。

さらに、一九六五年に長野県飯田・下伊那主事会の集団討議によってまとめられた「公民館主事の性格と役割」（下伊那テーゼ）という提案も、公民館のあり方や公民館主事のあり方を深めるための提案となっています。さまざまな社会教育・公民館に関係する文献に紹介されていますので、ぜひ、読んでいただきたいと思います。

こうした提言や提案に関心をはらいながら公民館が設置された目的や役割について認識を深めることが必要です。

第3章

公民館運営の基本

一　現行法に規定されている公民館の概念

そもそも公民館は、何をもって公民館と呼ばれるべきなのでしょうか。公民館を規定している概念が誰にも共通認識できるものとして確立されなければ、個々人の価値判断によって公民館をとらえる概念が多様に形成されてしまうことになります。公民館をとらえる概念が一致していなければ、公民館をめぐる現代的課題について、同じ基盤に立って議論を深めることができなくなってしまいます。公民館は、学ぶ権利を保障し、学びあいながら地域創造の主体を形成する役割をになう社会教育機関として、地域社会で果たさなければならない役割は重要です。これからも地域に必要な社会教育機関として市町村教育行政のなかにきちんと位置づけられなければならないと思います。

現在、市町村のレベルでは、社会教育の活動を行っている公的施設であっても、教育基本法と社会教育法の適用を受けていない施設は、公民館として位置づけられていないことが常識となっています。逆に、施設の名称が公民館でなくても、教育基本法の理念や社会教育法の規定にもとづいて職員の配置、事業の実施、施設の提供、管理運営が行われている施設は、行政からも住民からも公民館として位置づけられています。

その施設が公民館であるかどうかを判断する基準は、現行法に規定されている公民館としての概念を保持しているかどうかによって決定されるべきです。現行法に規定されている公民館（注・ここでは法人設置の公民館を除く）の基本概念は、つぎのようにとらえることができます。

① 学ぶ権利を保障する理念を保持していること

教育基本法の前文には、「ここに、我々は、日本国憲法の精神にのっとり、我が国の未来を切り拓く教育の基本を確立し、その振興を図るため、この法律を制定する」と明記されています。教育基本法は、日本国憲法の精神にもとづいて制定されています。そして、日本国憲法と教育基本法に流れる理念にもとづいて社会教育法が制定されました。教育基本法と社会教育法に共通して流れている理念は、日本国憲法第二十六条（教育を受ける権利、教育を受けさせる義務、義務教育の無償）に規定されている学ぶ権利の保障としてとらえることができます。日本国憲法第二十六条は、「すべて国民は、法律の定めるところにより、その能力に応じて、ひとしく教育を受ける権利を有する」と国民の学ぶ権利を謳い、国民の学ぶ権利は、国によって保障されなければならないと規定しています。公民館は、日本国憲法と教育基本法に流れる学ぶ権利を保障するために設置された社会教育機関です。学ぶ権利を保障する理念を保持していること、そのことが公民館の概念を規定する条件の一つとしてとらえられなければなりません。

② 設置主体が、市町村又は公民館の設置を目的とする法人であること

社会教育法第二十一条（公民館の設置者）は、公民館の設置者を「公民館は、市町村が設置する。

2　前項の場合を除く外、公民館は、公民館の設置を目的とする一般社団法人又は一般財団法人でなければ設置することができない。3　公民館の事業の運営上必要があるときは、公民館に分館を設けることができる」と定めています。

公民館の設置者は、「市町村」か「公民館の設置を目的とする法人」でなければなりません。それ以外の団体や機関が設置した施設は、たとえ名称が公民館であっても、公民館の概念をもちあわせていない「類似施設」として位置づけられなければなりません。社会教育法には、私立公民館の規定はありません。ただし、社会教育法第四十二条（公民館類似施設）で、「公民館に類似する施設は、何人もこれを設置することができる。2　前項の施設の設置その他に関しては、第三十九条の規定を準用する」としています。このように何人も公民館に類似した施設を設置することは可能とされています。

また、社会教育法第三十九条では、「文部科学大臣及び都道府県の教育委員会は、法人の設置する公民館の運営その他に関し、その求めに応じて、必要な指導及び助言を与えることができる」と類似施設の「求めに応じて」指導及び助言を行うことの必要性を明らかにしています。しかし、その場合は、あくまでも公民館としてではなく、公民館に「類似する施設」としての位置づけが前提とされたものなのです。

③　市町村教育委員会の所管に属していること

公民館は、市町村の一般部局に位置づけられる施設ではなく、市町村の教育委員会に所属する社会教育施設として位置づけられています。このことは、公民館を「教育機関」として位置づける観点から重視されなければならない概念です。社会教育法第五条（市町村の教育委員会の事務）、同第六条（都道府県の教育委員会の事務）、同第八条（教育委員会と地方公共団体の長との関係）、同第二十八条（公民館の職員）、同第三十条（公民館運営審議会）、同第四十条（公民館の事業又は行為の停止）などの条文は、すべて公民館が教育委員会に所属していることを前提に作成されています。従って、公民館が一般部局に所管が移行して、そこで社会教育施設としての機能と役割を果たすなどということは、法的にはありえないことなのです。

また、社会教育法第四十条（公民館の事業又は行為の停止）では、市町村が設置する公民館と法人の設置する公民館の事業又は行為の停止について、「公民館が第二十三条の規定に違反する行為を行ったときは、市町村の設置する公民館にあっては市町村の教育委員会、法人の設置する公民館にあっては都道府県の教育委員会は、その事業又は行為の停止を命ずることができる」としています。こうした規定は、公民館が市町村の教育委員会に所属することが原則であることを示しています。

④ 職員は、教育長の推薦により市町村の教育委員会によって任命されていること

公民館に配置される職員は、当該市町村の教育委員会の責任によって任命されなければならないというのが社会教育法の原則です。社会教育法第二十八条（公民館の職員）で、「市町村の設置する公民館の館長、主事その他必要な職員は、教育長の推薦により、当該市町村の教育委員会が任命する」と規定されているからです。また、地方教育行政の組織及び運営に関する法律第三十四条でも「教育委員会の所管に属する学校その他の教育機関の校長、園長、教員、事務職員、技術職員その他の職員は、

この法律に特別の定がある場合を除き、教育長の推薦により、教育委員会が任命する」とされています。

市町村が公民館に指定管理者制度を導入し、公民館の管理運営を指定管理者に委託した時点から、社会教育法や地方教育行政の組織及び運営に関する法律の規定とはことなる職員採用や配置が遂行されていく可能性がうまれます。教育委員会が責任をもって個々の職員を任命するのではなく、委託を受けた指定管理者の都合と判断によって職員配置が行われるようになってしまうからです。つまり、採用する職員やスタッフがどのような人であっても、その採用基準、任用期間、労働条件などがどのような状態であっても、教育委員会として関知できないことになってしまいます。

文部科学省は、二〇〇三年の地方自治法の改正を受けて、二〇〇五年一月二十五日に「社会教育施設における指定管理者制度の適用について」という文書を発表し、公民館の管理運営を指定管理者がになう場合、指定管理者から配属されるスタッフは公務員ではなくなるので、社会教育法第二十八条や地方教育行政の組織及び運営に関する法律第三十四条にもとづいて、教育長の推薦によって教育委員会が任命することは不要であるという趣旨の見解を発表しました。こうした見解は、国自身が本来の法律の理念や規定をないがしろにし、個別法の条文解釈を勝手に拡大解釈しようとするものです。このようなことが強行されると社会教育法だけでなく、他の教育関連法との整合性がとれなくなってしまう事態が生じる危険があります。個別法が制定されている意味がなくなってしまうのではないでしょうか。もっと個別法が存在していることの意義が優先されなければならないと思います。

公民館は、現行法にもとづき、国の奨励と都道府県教育委員会の指導、助言のもとで市町村及び公民館の設置を目的とする法人が設置している社会教育機関です。従って、市町村設置の公民館における職員配置は、社会教育法と地方教育行政の組織及び運営に関する法律の規定にもとづき、当該市町村の教育委員会の責任によって、教育長が推薦し、教育委員会が任命することが基本とされなければならないと思います。

⑤ 専門的力量を持った職員の採用と配置がめざされていること

社会教育法第二十七条（公民館の職員）は、公民館職員について、「公民館に館長を置き、主事その他必要な職員を置くことができる。２ 館長は、公民館の行う各種の事業の企画実施その他必要な事務を行い、所属職員を監督する。３ 主事は、館長の命を受け、公民館の事業の実施にあたる」と規定しています。さらに、文部科学省告示「公民館の設置及び運営に関する基準」では、その第八条（職員）で、「公民館に館長を置き、公民館の規模及び活動状況に応じて主事その他必要な職員を置くよう努めるものとする。２ 公民館の館長及び主事には、社会教育に関する識見と経験を有し、かつ公民館の事業に関する専門的な知識及び技術を有する者をもって充てるよう努めるものとする。３ 公民館の設置者は、館長、主事その他職員の資質及び能力の向上を図るため、研修の機会の充実に努めるものとする」と規定しています。

文部科学省の告示では、第一に、公民館の規模や活動状況に応じて必要な数の職員を配置することの必要性について述べています。第二に、必要な人数を配置するだけでなく、社会教育についての識見、経験、専門的な知識と技術をもっている職員を配置することの重要性を規定しています。そして第三に、必要な人員と専門的な力量をもった職員を配置するだけでなく、設置者は職員の資質と力量を向上させていくために研修の機会を充実させるよう努力することが必要であると述べています。この条文は、公民館職員の専門職採用制度の必要性とその体制づくりを進めていくことの大切さについて言及しているものとしてとらえることができると思います。公民館には、公民館の規模や活動に応じて必要な職員数を確保すること、住民の学びと地域づくりに関わる活動の支援ができる専門的な知識と技術をもった職員を配置すること、職員の研修の充実をはかること、が求められているのです。

公民館は設置者によって、この三つの基準が守られなければならない社会教育機関なのです。たとえ現在、この三つの事項が実現されていない場合であっても、努力すれば実現されるという条件を保持していることが、公民館を規定している概念としてとらえられる必要があります。

⑥ 職員の研修が市町村の教育委員会のほか、文部科学大臣及び都道府県によって行われていること

社会教育法第九条の六（社会教育主事及び社会教育主事補の研修）は、「社会教育主事及び社会教育主事補の研修は、任命権者が行うもののほか、文部科学大臣及び都道府県が行う」と教育委員会の事務局に配置される社会教育主事と社会教育主事補の研修について規定しています。この条文を受けた形で、社会教育法第二十八条の二（公民館の職員の研修）では、「第九条の六の規定は、公民館の職員の研修に準用する」と公民館職員の研修について規定しています。このように公民館職員の研修は基本的に市町村、都道府県、文部科学省によって行われるものでなければなりません。最近、財政危機を理由に職員研修を実施しない市町村や都道府県が増加している傾向にあるようですが、そのことは

社会教育法や文部科学省の告示を無視した自治体の責任放棄です。職員みずからがレポート発表を行って議論するなど工夫をすれば、財政負担なしで職員研修を行うことは十分に可能です。都道府県の公民館連合会など行政以外の団体や機関が主催する研修機会も数多く存在していますが、市町村、都道府県、文部科学省によって、職員としての資質と能力の向上をはかるための研修が実施される条件が整っていること、そのことが公民館を規定する概念としてとらえられなければならないと思います。

⑦ 事故の責任は、当該市町村の教育委員会が負うものであること

教育基本法にも社会教育法にも公民館や公民館活動の場における事故にたいする責任の所在についての規定はありません。法の条文に公民館や公民館活動の場における事故責任の所在が明記されていないことは、社会教育法の一つの弱点となっています。しかし、「個人の要望や社会の要請にこたえ、社会において行われる教育は、国及び地方公共団体によって奨励されなければならない。2 国及び地方公共団体は、図書館、博物館、公民館その他の社会教育施設の設置、学校の施設の利用、学習の機会及び情報の提供その他の適当な方法によって社会教育の振興に勤めなければならない」という教育基本法第十二条（社会教育）の規定から判断しても、また「公民館は、市町村が設置する」という社会教育法第二十一条（公民館の設置者）の規定や同第三十九条（法人の設置する公民館の指導）、同第四十条（公民館の事業又は行為の禁止）、同第四十一条（罰則）の規定からしても、公民館や公民館活動の場における事故の責任は、当該市町村の教育委員会がそのすべてを負うものとしてとらえられな

ければなりません。もちろん、個人的な過失による事故は、個人の責任として処理されなければならないことは当然のことです。公民館における事故の責任は、市町村の教育委員会にあること。そのことが公民館の概念を規定している条件の一つとしてとらえられなければなりません。

⑧ 設置の目的が「一定区域内」における「実際生活に即する」学びの発展と「地域づくり」を基本にしていること

社会教育法第二十条（目的）は、公民館の目的を「公民館は、市町村その他一定区域内の住民のために、実際生活に即する教育、学術及び文化に関する各種の事業を行い、もって住民の教養の向上、健康の増進、情操の純化を図り、生活文化の振興、社会福祉の増進に寄与することを目的とする」と規定しています。公民館は、「市町村その他一定区域内の住民のために」、「実際生活に即する」学びをもって、「生活文化の振興、社会福祉の増進に寄与することを目的とする」ために設置されています。

社会教育法第二十条に規定されている公民館の目的と寺中作雄の公民館を作った三つの理由からも明らかなように、公民館は学びながら自己を形成する場です。学びあい、連帯しあい、活動しあいながら、平和で安全で安心して住むことができる地域をつくる主体を形成するための社会教育機関として構想されています。だから公民館は、単なる貸館であってはならないのです。「一定区域内」の住民が「実際生活に即した」学びを通じて自己成長を実現する場であり、同時に「地域づくりの主体を形成する」ための活動が、豊かに発展していくことをめざして設置されているのです。

⑨ 学びの自由が保障され、住民主体の活動が基本とされていること

社会教育法第二条（社会教育の定義）の「この法律で『社会教育』とは、学校教育法に基づき、学校の教育課程として行われる教育活動を除き、主として青少年及び成人に対して行われる組織的な教育活動（体育及びレクリェーションの活動を含む。）をいう」という規定や、同第十条（社会教育関係団体の定義）の「この法律で『社会教育関係団体』とは、法人であると否とを問わず、公の支配に属しない団体で社会教育に関する事業を行うことを主たる目的とするものをいう」という規定からも明らかなように、社会教育法では社会教育活動の主体は、住民と位置づけられています。住民自身による主体的な学びは、同九条の三（社会教育主事及び社会教育主事補の職務）の「社会教育主事は、社会教育を行う者に専門的技術的な助言と指導を与える。但し、命令及び監督をしてはならない」という規定や、同第十二条（国及び地方公共団体との関係）の「国及び地方公共団体は、社会教育関係団体に対し、いかなる方法によっても、不当に統制的支配を及ぼし、又はその事業に干渉を加えてはならない」という規定で明らかなように、国や地方公共団体などの行政から独立していなければならないとされています。

さらに、同第三条（国および地方公共団体の任務）では、国と地方公共団体の役割について、「国及び地方公共団体は、この法律及び他の法令の定めるところにより、社会教育の奨励に必要な施設の設置及び運営、集会の開催、資料の作製、頒布その他の方法により、すべての国民があらゆる機会、あらゆる場所を利用して、自ら実際生活に即する文化的教養を高め得るような環境を醸成するよう努め

なければならない」と規定しています。同第十一条（文部科学大臣及び教育委員会との関係）の2項でも、社会教育関係団体と文部科学大臣及び教育委員会との関係について、「文部科学大臣及び教育委員会は、社会教育関係団体の求めに応じ、これに対し、社会教育に関する事業に必要な物資の確保につき援助を行う」と規定しています。つまり、社会教育法では、公民館における学びの主体は住民、学びの支援者が職員、学びの条件整備は行政の役割であると規定しているのです。文部科学省告示の第七条（地域の実情を踏まえた運営）では、「公民館の設置者は、社会教育法第二十九条第1項に規定する公民館運営審議会を置く等の方法により、地域の実情に応じ、地域住民の意向を適切に反映した公民館の運営がなされるよう努めるものとする」としています。

こうした社会教育法や文部科学省告示の規定に依拠しながら、これまで各地の公民館では、住民の自由で自主的な学びを保障し、住民主体の活動を発展させていくためのさまざまな取りくみが実践されてきました。公民館事業における実行委員会方式や企画委員会方式の定着、住民による学級・講座の学習プログラムの編成、利用者懇談会の組織化、公民館だよりの編集委員会による発行、公民館建設における住民参加の広がり、「公民館を考える会」や「社会教育を守る会」の組織化など、多くの実践が蓄積されてきています。

公民館は、住民主体の地域づくりの活動や住民の学びの自由が保障される場でなければなりません。そして、住民主体の活動が発展していくために必要な制度づくりの活動が行政の援助のもとで多様に展開される施設でなければならないのです。そうした活動が可能になる条件を保持していることが、公民館を規定する概念として認識されなければならないと思います。

⑩ 無料を原則に開放されていること。現在有料の場合でも将来無料で開放される条件をもちあわせていること

公民館を利用するときの無料の原則が条文化されていないことも社会教育法の弱点です。公民館と同じように公的社会教育施設として位置づけられている図書館と博物館の場合は、図書館法（十七条）と博物館法（第二十三条）で入館時の「無料の原則」について規定しています。このこととの関連で注目しておかなければならないことは、図書館法も博物館法も、その第一条（この法律の目的）で、「この法律は、社会教育法の精神に基づき」と明記し、日本国憲法、教育基本法、社会教育法の理念にもとづいてそれぞれの個別法が制定されていることを明らかにしていることです。つまり、両法の第一条の条文は、日本国憲法第二十六条が規定している国民の学ぶ権利を保障するための社会教育機関として、公民館と同じように図書館、博物館が設置されていることを明確にしています。こうした法制度上の流れから見ても、公民館が、図書館、博物館と同様に無料で住民に開放されなければならない社会教育機関として位置づけられていることは明らかです。次ページに紹介した**資料４**のように寺中作雄監修・小和田武紀編著『公民館図説』（岩崎書店、一九五四年）でも、「公民館の本質はどんなところにあるか」という内容の部分（同書十七ページ）に「無料開放」の表示が掲載されています。

住民に無料で開放されていること、そして、現在、有料の場合であっても、将来的に無料の施設として住民に開放される可能性を保持していること、そのことが公民館を規定する概念の一つとしてと

資料４　公民館の本質

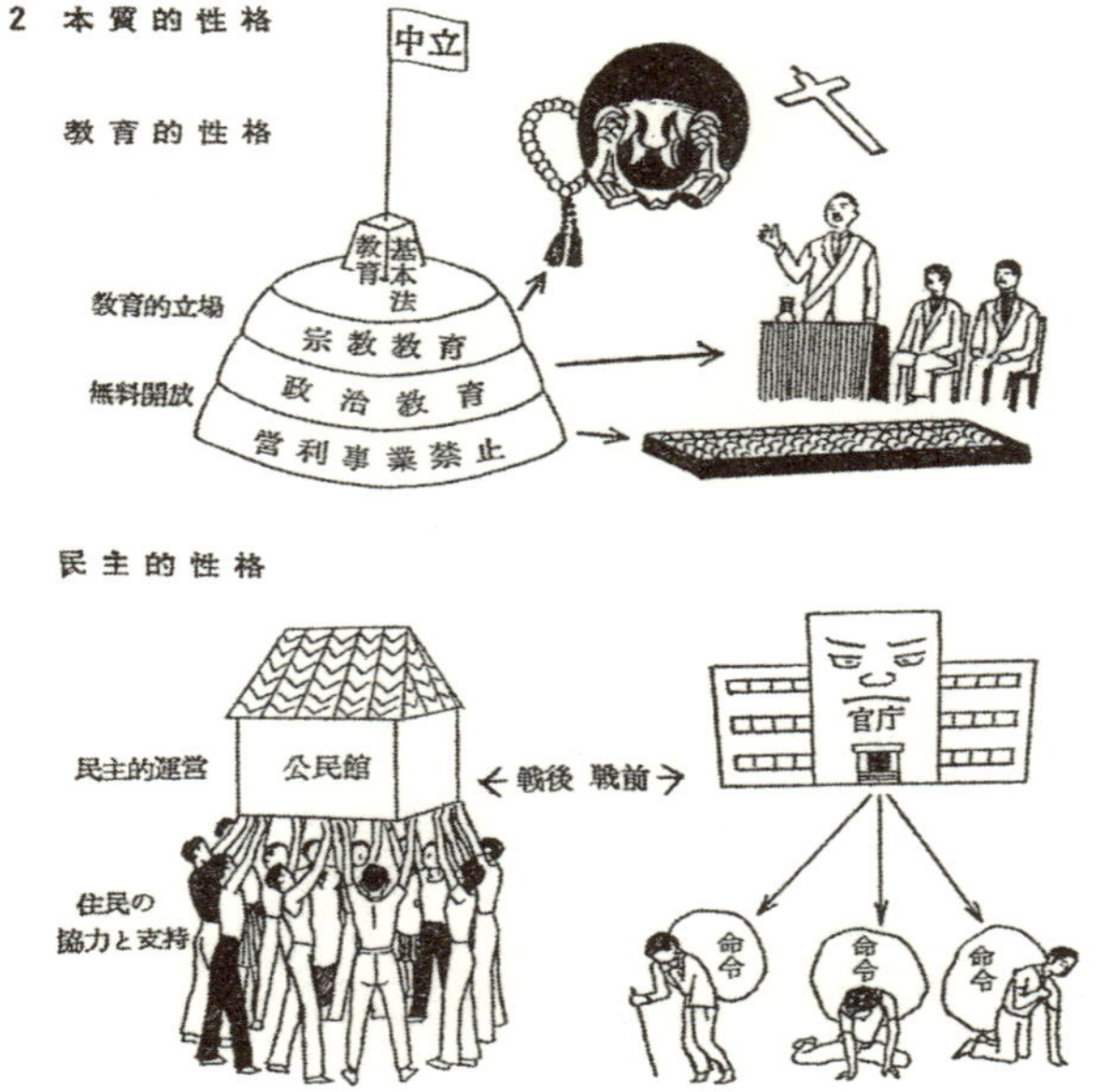

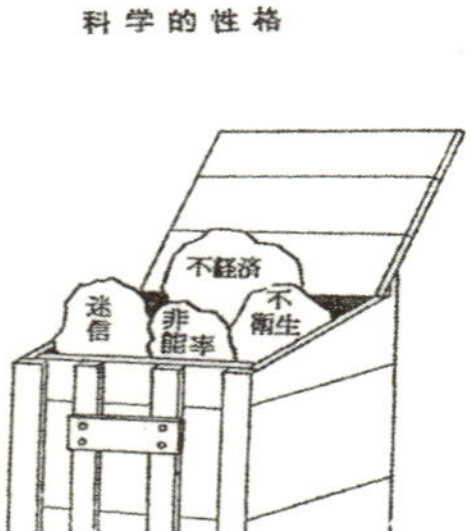

出典：『公民館図説』より
（岩崎書店 1954 年）

らえられなければなりません。

公民館は、現行法制度のもとで、以上の概念を保持していなければならない社会教育機関であり、学校教育と二大支柱をなす社会教育の中核機関として位置づけられています。

二　公民館と地域の学習・文化施設

このように公民館は、国の法律にもとづき市町村の教育委員会に所属する社会教育機関として設置されています。従って、国の法律から公民館を規定する条文がなくなったら、制度としての公民館は消えてなくなってしまうことになります。また、首長部局へ移管されて教育委員会の枠外に置かれ、教育基本法や社会教育法の適用からはずされた公民館は、たとえ名称が公民館であっても、公民館として位置づけられるべきではありません。法の裏づけがなければ公民館として機能することが不可能になってしまうからです。ですから、公民館を論じるときは、現行法の公民館を規定している条文をたえず点検することが必要になります。公民館を規定している法体系や法の条文が、社会教育機関としての公民館の発展を保障するものになっているかどうかということについて注視していかなければなりません。

法や条文の改悪を阻止し、公民館の発展を確かなものにしていくためには、日常における実践と研究と運動の統一が不可欠です。制度論、財政論、組織論、学習論、職員論、施設論など、公民館全体に関する課題について議論を深めながら、公民館の発展に逆行する法改正や政策動向にたいして、きちんと反対の意思表示をしていく運動を強化していくことが求められています。反対するだけではなく具体的な政策提言を積極的に行っていくことが必要です。

現在、地域には公民館と同じような機能をもつ学習・文化施設がたくさん存在しています。たとえば、文化センター、市民会館、公会堂、文化会館、市民センター、コミュニティセンター、交流センター、自治会館、地区センターなどです。地域によって名称はさまざまですが、こうした施設と公民館のちがいは、公民館を規定している法の概念とそれぞれの施設を比較してみると一目瞭然です。たとえば、つぎのような相違点が明確になります。

第一に、公民館は国民の学ぶ権利を保障するために設置されています。

第二に、公民館は教育事業を主催する社会教育機関として位置づけられています。

第三に、公民館は市町村の教育行政のなかに位置づけられることが基本とされています。

第四に、公民館は学びあい、交流しあい、連帯しあいながら、地域づくりの主体を形成する拠点として設置されています。

第五に、公民館は「公民館の館長及び主事には、社会教育に関する識見と経験を有し、かつ公民館の事業に関する専門的な知識及び技術を有する者をもって充てる」ように定められています(11)。

第六に、公民館は運営と活動の両面にわたって、住民主体の原則が基本とされています。

このように公民館は、地域に存在している他の学習・文化施設とは、まったくことなる制度と役割をもつ社会教育機関です。浅野平八は、「公民館が法的根拠をもって設置されていることの意義は大きい。地域に法的根拠をもって制度化されている公共空間や集会施設、学習施設があることは、その地域、その国の文化といえるものである」と述べています[12]。まさに、その通りだと思います。

ご承知のように教育基本法にも、社会教育法にも、私立公民館の規定はありません。法に規定がなくても企業や団体や個人が、それぞれに必要な学習・文化活動のための施設を設置することは自由です。そして、そうした施設を自分たちで公民館と呼ぶことも自由だと思います。また、そこで取りくまれている利用者主体の自由で自主的な学習・文化活動や地域づくりの活動を公民館活動と呼ぶことも自由です。

しかし、設置者や利用者から公民館と呼ばれている施設だからという理由で、その施設を公民館として位置づけてはならないと思います。同様に、公民館と同じような活動を行っている施設だからという理由で、その施設を公民館として位置づけてはならないと思います。現行法の規定を前提としない、そうした私的な施設は、たとえ施設の名称が公民館であっても、公民館と同じような活動が取りくまれている施設であっても、公民館とはことなる「類似施設」、または公民館以外の「社会教育施設」としてとらえられるべきです。そうしなければ現行法に規定されている公民館本来の概念が失われ、公民館の役割、職員体制、他施設・他機関との連携、学ぶ権利の保障などの議論ができなくなってしまうからです。公民館は、その概念が現行法に規定されていること自体に意味をもつ公的社会教育機関であり、そのことが公民館の特徴であり、独自の個性であり、魅力なのです。

私たちに求められていることは、公民館の概念を現行法の枠を超えた次元に拡大して議論をすることではありません。公民館制度を保障している現行法にもとづいて公民館の概念をきちんと整理、確立し、地域における公民館の独自の役割とあり方を明確にしていくことなのです。そして、これからの公民館を教育法体系のなかにどのように位置づけ、どう拡充・発展させていくかという政策づくりのための議論を展開していくことだと思います。公民館の衰退や崩壊につながる法改正、首長部局への移管や補助執行、指定管理者への委託などの動向を分析するだけでなく、そうした動向にたいして反対の意思表示をすることが求められています。同時に、公民館の発展につながる法整備を進めるために必要な政策提言の運動をもっと積極的に推進していかなければならないと思います。

最近、公民館がもつ機能的な側面だけを取りあげて、公民館の概念を拡大解釈しながら議論を展開しようとする風潮が一部に生まれているように思います。そうした議論は、公民館が現行の教育法体系に位置づけられていることや、市町村教育行政の所管に属したものであるという原則を否定したり、公民館そのものの存在をないがしろにしてしまう恐れがあります。そして、現在、国や自治体が推進しようとしている首長部局への移管・補助執行や指定管理者への委託など、公民館弱体化の政策に追随する理論を生みだす危険性があります。

公民館研究の分野においても、課題が山積しているように思います。これまで公民館で働いている職員や公民館活動を推進している住民がかかえている課題を克服していくときの力になれる公民館研究が、どのような分野でどのような内容で構築されてきたのでしょうか。公民館をめぐる歴史研究や政策分析の研究だけでは、現在の公民館がかかえている課題を克服していくときの力になれないことは明らかです。いま、職員の仕事や住民の活動に直接役に立つための公民館研究を深め、発展させていくことが求められています。問われているのは、公民館職員のあり方や住民の活動のあり方だけではありません。研究者による公民館研究の視点やあり方も問われているように思います。

私は、現行の法制度を無視した次元で公民館の問題を論じるべきではないと思います。法の規定を無視して、公民館がもつ機能的な側面だけで公民館の問題を論じると、結果的に公民館そのものを見失う恐れがあるからです。法の原則にもとづかない拡散した議論は、公民館のことを議論しているようにみえても、じつは、公民館の機能をもった他の学習・文化施設のことを論じるというあやまちをおかすことになりかねません。公民館は、国の法律と市町村の条例・規則に則って地域に設置されている社会教育機関であり、それ以上のものでも、それ以下のものでもありません。公民館以外のさまざまな学習・文化施設が、それぞれの役割をになうために存在しているように、公民館も独自の機能と役割を果たすために地域に設置されています。

社会教育機関としての公民館は、地域で重要な役割を果たさなければならない存在であることはもちろんですが、決して万能ではありません。市町村の設置であるために当然ながら公的機関としての制約と限界をもっています。また、公民館の現状は、施設的にも、財政的にも、人材の面でも、組織的な面でも、活動の面においても、一定の限界をもった存在として認識されなければならないと思います。だからこそ、地域に存在する他の学習・文化施設や機関・団体との連携・協力体制の確立が必要とされる存在なのです。

三　公民館活動における三権分立

公民館の活動は、社会教育法の条文から判断すると、明らかに三権分立を基本とした活動として位置づけることができると思います。社会教育法では、公民館における学びの主体は、住民自身であると位置づけられています。そのことは、社会教育法第二条の「この法律で『社会教育』とは、学校教育法に基づき、学校の教育課程として行われる教育活動を除き、主として青少年及び成人に対して行われる組織的な教育活動（体育及びレクリエーションの活動を含む。）をいう」、第十条の「この法律で『社会教育関係団体』とは、法人であると否とを問わず、公の支配に属しない団体で社会教育に関する事業を行うことを主たる目的とするものをいう」という条文によって明らかにされています。

また、公民館で働いている職員は、住民の求めに応じて自由で自主的な学びの発展を支える支援者として位置づけられています。社会教育法第九条の三「社会教育主事は、社会教育を行う者に専門的技術的な助言と指導を与える。ただし、命令及び監督をしてはならない。2 社会教育主事は、学校が社会教育関係団体、地域住民その他の関係者の協力を得て教育活動を行う場合には、その求めに応じて、必要な助言を行うことができる」、第十一条「文部科学大臣及び教育委員会は、社会教育関係団体の求めに応じ、これに対し、専門的技術的指導又は助言を与えることができる。2 文部科学大臣及び教育委員会は、社会教育関係団体の求めに応じ、これに対し、社会教育に関する事業に必要な物資の確保につき援助を行う」、第十二条「国及び地方公共団体は、社会教育関係団体に対し、いかなる方法によっても、不当に統制的支配を及ぼし、又はその事業に干渉を加えてはならない」という条文を読むと社会教育行政に携わる職員が、何のために配置されているのかということがよく理解できるのではないでしょうか。公民館で働く職員もこれらの条文に準ずる役割を果たす者としてとらえられなければならないと思います。

そして、国や自治体は、学びの条件整備をになうところとして位置づけられています。行政の役割は、住民がみずからの要求にもとづいて行う自由で自主的な学びの活動を保障しながら、学びに必要な施設をつくり、職員を配置し、予算をつけるなど、必要に応じた学びの「環境を醸成する」ことであるとされています。このことは社会教育法第三条「国及び地方公共団体は、この法律及び他の法令の定めるところにより、社会教育の奨励に必要な施設の設置及び運営、集会の開催、資料の作製、頒布その他の方法により、すべての国民があらゆる機会、あらゆる場所を利用して、自ら実際生活に即する文化的教養を高め得るような環境を醸成するように努めなければならない」という条文で明らかにされています。このように社会教育法では、住民と職員と行政の役割分担がきちんと定められています。

私は、日本国憲法、教育基本法、社会教育法という法制度に流れる学ぶ権利を保障する理念と寺中作雄が構想した公民館を作った三つの理由と社会教育法第二十条の公民館の目的を公民館活動の「原点」としてとらえるべきだと考えています。そして、社会教育法の条文で明確にされている公民館活動における三権分立の考え方を公民館活動の「原則」としてとらえるべきだと思います。この「原点」と「原則」を大切にしながら、これからの公民館活動の発展が展望される必要があります。

四　社会教育法第二十条と公民館の運営

社会教育法の第二十条は、公民館の目的を規定している条文です。ところが公民館で働いている職員のなかには、この条文を読んだことがないという人がいます。読んだことがあっても、何が書いてあるのかよく理解しないまま仕事をしているという人もいます。そのような状態で公民館の仕事をしている職員については、自治体職員としての自覚をもって仕事をしているのかどうかということが問われなければなりません。社会教育法第二十条は、公民館の目的について、つぎのように定めています。

（目的）

第二十条　公民館は、市町村その他一定区域内の住民のために、実際生活に即する教育、学術及び文化に関する各種の事業を行い、もって住民の教養の向上、健康の増進、情操の純化を図り、生活文化の振興、社会福祉の増進に寄与することを目的とする。

この条文のなかで、とくに大切にしなければならない部分が三つあります。

第一は、「市町村その他一定区域内の住民のために」という部分です。この表現は、公民館が広いエリアの人たちによって利用される公共施設ではなく、歩いてかよえるくらいの狭い圏域の人たちが主としてつどう社会教育機関であることを意味しています。二〇〇三年に改正される前の文部科学省告示「公民館の設置及び運営に関する基準」が、公民館の対象区域を「小学校又は中学校の通学区域」を基準として構想していたことなどを考えあわせると、この条文は公民館の本質をよく表しているものとしてとらえられなければならないと思います。公民館は、狭い圏域を対象にしたきわめて地域性の強い性格をもつ社会教育機関であるということです。

第二は、「実際生活に即する」という部分です。島田修一は「実際生活に即する」という意味の解釈について、つぎのように述べています。[13]

「実際生活に即する」の意味　これは、住民の生活の実態や意識からかけはなれた観念的な理論や形式的な事業に走ることをいましめたものであって、とくに戦前の社会教育が一律的な国家主義・軍国主義思想の注入にかたよっていたことの反省から出ているのである。日常生活にすぐに役立つ文化活動に限定されるという意味ではない。これは、まず、住民の生活の現実から求められてくる学習や文化活動への要求がたいせつにされなければならないという意味である。それは、ほんらい教育や文化というものが人びとの生活をきりひらき、ゆたかにするものであるということを前提とし、公民館の活動がその地域の人びとの生活や意識に根ざし、地域住民が主人公となって行なわれなければならないということをあきらかにしたものである。と同時に、「実際生活」をせまくとらえてはならないのであって、けっして身近な問題だけとりあげていればよいということを意味するものでない。生活をきりひらき、ゆたかにするのに必要なさまざまな知識や技術を積極的に学びとっていくべきである、ととらえられなければならない。

島田が指摘しているように、公民館における「実際生活に即する」学びは、「生活をきりひらき」、生活を「ゆたかにするもの」でなければならないと思います。そのことは、日々の暮らしのなかからわきあがってくる生活課題・地域課題を学びの中心にすえることを大切にしなければならないことを意味しています。

第三は、「寄与することを目的とする」という部分です。この場合、誰のために何を寄与するのかということが問われなければなりません。条文全体の流れからすると「市町村その他一定区域内の住民」に寄与するということになります。そのことは、公民館における学びが単に個人の生活に必要な知識と技術を身につけるというレベルの学びで終了するものではなく、市町村や一定区域内の住民全体に寄与するものでなければならないことを意味しています。公民館の学びは、「生活をきりひらき」、生活を「ゆたかにする」ための知識と技術を身につけることであり、そうした知識と技術を身につけた住民どうしが力をあわせて地域づくりの主体としての自己を形成していくという二つの側面を統一したものでなければならないはずです。したがって、「寄与することを目的とする」という意味は、学んで身につけた知識と技術を市町村や一定区域内の住民のために役立てることであるとしてとらえることができます。

日常の公民館運営は、社会教育法第二十条の精神にもとづいて行われなければなりません。第二十条をよく理解することは、公民館が地域に存在していることの意味を明らかにすることであり、公民館が果たすべき役割を明確にしていくことにつながります。職員が公民館のあり方や役割を自分勝手に解釈して住民に接すると、住民との間で問題を生むことになります。第二十条の意味を十分に理解していない職員は、公民館の役割を理解していない職員ということになります。公民館のことを理解しないまま仕事をしている職員は、やがて地域や住民にとって必要のない存在になってしまうにちがいありません。職員は、社会教育法第二十条の意味を深くとらえながら、毎日の仕事にいかしていくことが求められている存在なのです。

五　社会教育法第二十三条の解釈をめぐって

社会教育法第二十三条は、公民館の運営方針を定めている条文です。読んでみると、そんなに難しいことが書いてある条文ではありません。しかし、日常の公民館運営では、とても重視され、常に話題になっている条文です。この条文のとらえ方、理解の仕方が市町村や公民館によってことなっているからです。同じ条文なのに、どうしてとらえ方や理解の仕方が大きくことなってしまうのでしょうか。みなさんといっしょにそのことをひもといてみたいと思います。社会教育法第二十三条の条文は、つぎのとおりです。

（公民館の運営方針）

第二十三条　公民館は、次の行為を行ってはならない。

一 もっぱら営利を目的として事業を行い、特定の営利事業に公民館の名称を利用させその他営利事業を援助すること。

二 特定の政党の利害に関する事業を行い、又は公私の選挙に関し、特定の候補者を支持すること。

2 市町村の設置する公民館は、特定の宗教を支持し、又は特定の教派、宗派若しくは教団を支援してはならない。

どこから読んでも、そんなに難しいことが書いてある条文ではありません。それなのにどうして公民館運営にとって問題となる条文になってしまうのでしょうか。それは、この条文の「公民館は、次の行為を行ってはならない」という表現に、勝手に「で」をつけ加えて「公民館では、次の行為を行ってはならない」と解釈する市町村や公民館があるからだと思います。条文の表現どおりに「公民館は」と解釈すると、公民館自体が行ってはならない行為という理解になります。公民館自体が守らなければならない条文ということになります。ところが条文に「で」をつけ加えて「公民館では」として解釈すると、公民館で活動を行っている利用者が行ってはならない行為という理解になってしまいます。このように同じ条文なのに「で」をつけて解釈するとまったくことなった理解になってしまうのです。

では、そもそもこの条文は何のために設けられた条文なのでしょうか。本来どのように理解されるべき条文なのでしょうか。一九四九年七月に刊行された寺中作雄著『社会教育法解説』（社会教育図書株式会社）で、寺中はこの条文を設けた趣旨について、「本条は公民館の事業を行うにつきその限界を示したものである。公民館は広く住民のためにその実際生活に即する教育・学術・文化に関する事業を行い教養の向上のみならず一般生活文化・社会福祉等に貢献することを目的とするものであるから相当広範囲に亘って企画実施する事業が多いのであるが、公民館の本質よりみて営利的・政党的・宗教的行為に走ることは避けなければならない。公民館は一般市町村民のために常に公共的な活動をなすべきであって、その運営が一部の人のみを利したり一党一派に支配されないことが必要であるからである」と述べています。この解説のように社会教育法第二十三条は、公民館自体に対するいましめの条文として作成されたものです。さらに寺中は、同書で営利的事業、政党的事業、宗教的事業の禁止の範囲について、つぎのように述べています。

〈営利的事業禁止の範囲〉

公民館がその行う事業によって多少の営利的目的を達することを全面的に禁止する趣旨ではな

い。公民館の目的を忘れて営利目的のみを専ら追求したり、特定の営利的事業をなすものと協定し公民館事業の一部をこれに委託したり特定者に特別の利益を与えるような計画を立てたりすることは、公民館の教育事業に名を借りて特定者を利することとなって、公民館の目的を没却するに至る。また営利会社或は営利会社と関係ある事業を行うものがその事業に関して公民館の名を用いて仕事をすることを認めることも厳に禁止しなければならない。

公民館がその直営事業として、住民のために湯屋を経営したり理髪業を行ったり小規模に飲食物を販売したりすることは必ずしも本条の違反ではないが、これらの事業を行うについて特定の商人に委託経営せしめその商人に利益を挙げさせるような経営をすることは本条に違反する。

また直営事業として行う場合でもそれによっていわゆる民業を抑圧する結果をもたらさない限度に止めるべきであって、その限度を超えることは公民館の趣旨に反する。即ち湯屋や散髪業のない町村で、真にその住民の幸福上必要と認めてこれらの経営をなすときの外は、慎まねばならない。

（政党的事業禁止の範囲）

公民館は公共的なものに利用せられるべきものであるから特定の政党に特別有利な条件を提供したり、また特定の政党が独占的に公民館を利用するような運営をしてはならない。併しながらいやしくも政党の事業と関係ある限り、何事も実施できないというのではない。すべての政党の公平な取り扱いによって公民館の活用を図る事は公民館の公共的利用の趣旨に反することではなく、又公民教育の目的で各政党の立会演説会または各政党の人々が参加する討論会等を公民館の主催を以って行うことは公民館の趣旨に反するものではない。また仮に一政党に公民館を利用させる場合でも常に他の政党と公平平等な取り扱いをなす限り不当ではない。公私の選挙に公民館として特定の候補者を推薦する意思を表明することは絶対に避けなければならない。

本号による政党的事業の禁止及び前号の営利的事業の禁止は市町村の設置する公民館と法人の設置する公民館とを問わず何れにも適用される。たとえ法人の設置する公民館であっても公民館の本質的目的からみて営利的事業や政党的事業に利用される公民館は、その存在意義がないのである。

（宗教的事業禁止の範囲）

本項の禁止は市町村の設置する公民館の場合に限定している。宗教の自由の原則からみて私法人の設置する公民館が一定の宗教的立場に立脚した運営をなすことを禁ずることはできないが、市町村の設置する公民館の場合は市町村の営造物であるから市町村立の学校に準じて特定の宗教または教派・宗派・教団に偏した運営をすることは禁止される。宗教とは特定内容の信仰を指し、教派・宗派・教団とは特定宗教を信仰する団体を指す意味であって市町村の設置する公民館は内容的にもまた宗団的にも特定のものを支持することを禁止する趣旨である。本項の取扱に関しても政党の場合と同じくすべての宗派について平等な取扱いをし、各宗派の立会討論会を催すなり、また宗教家を講師とする宗教的情操涵養のための講話会を開くことはさしつかえないと思われる。

このように社会教育法第二十三条の運営方針は、公民館の利用者にたいして課せられたものではありません。公民館自体が守らなければならない運営上の事項を規定している条文なのです。公民館みずからが、政治的、宗教的中立を守り、営利事業を行うことを禁止している条文です。このことは、当時の文部省の見解が示されている、寺中作雄監修・小和田武紀編著『公民館図説』（岩崎書店一九五四年）の解説（二十から二十五ページ）でも、具体的に明らかにされていることです。

最近、文部科学省の関係者によって出版された本においても、Q＆A方式で、社会教育法第二十三条の規定について、つぎのような見解が述べられています。[14]

Q　公民館の行う講座で栽培した農作物を、学習の一環として販売したいと考えています。社会教育法上問題があるでしょうか。

A　学習の一環として販売を行うことは、「もっぱら営利を目的として」事業を行ったとはみなされないでしょう。むしろ、地域の産業振興に結び付くなど、社会教育法第二十条に掲げる目的に沿うものであると言えます。

Q　公民館主催の講座で、講師が講演後にその著作物等を販売することを許可してよいでしょうか。

A　講座を受講するだけでなく、講師の著作物を読む機会を併せて提供することは、受講者の学習を一層実りあるものとし、好ましいものであると言えます。したがって、著作物等の販売について特定の事業者に特権的な待遇等を与えるようなものでない限り、本規定の違反とはならず、販売を許可して問題ありません。

Q 民間の営利事業者に公民館の利用を許可してよいでしょうか。

A 特定の事業者に対し、使用回数、使用時間等に関して優遇したり、一般に比して社会通念上極めて安い使用料を設定したりするなど、特定の事業者に対して特に便宜を図り、それによって当該事業者に利益を与え、その営業を助けるものでないならば、本規定の違反とはなりません。実際に使用許可をするに当たっては、地方公共団体の定める条例等に照らして判断する必要があります。

Q ある政党に属する政治家から、市政報告会を公民館で行いたいとの申請がありました。許可してよいでしょうか。

A 申請を行った政治家以外の政治家に対しても、使用時間や利用料等の点において公平に取り扱うのであれば、政治家による市政報告会を公民館で行うことは差し支えありません。

Q 選挙の候補者陣営から、後援会への加入を呼びかけるチラシを公民館に置きたいとの申し出がありました。許可してよいでしょうか。

A 全ての候補者を公平に取り扱うことが可能であれば、特定の候補者の後援会への加入を呼びかけるチラシを置くことが、直ちに本規定に違反するとは言えません。

Q 宗教に関係する団体から公民館の使用申請がありました。許可してもよいでしょうか。

A 本規定は、憲法第二十条の精神に基づき、公立の公民館が、特定の宗教等に偏した運営を行うことを禁止し、宗教的中立性を確保する趣旨であり、宗教団体の利用を一律に禁止するものではありません。…（中略）…したがって、宗教に関係する団体であっても、一般の団体と同様の条件で公平に利用させるのであれば、施設を供与して差し支えありません。（中略＝引用者）

しかし、現実には「公民館では」という解釈のもとで、民間企業、政党、宗教団体の利用を一切禁止したり、制限したりしている市町村や公民館が多いのではないでしょうか。だから、公民館の会場提供の仕方が市町村によって大きくことなっているのです。社会教育法第二十三条の条文について、本来の目的とちがう解釈をしようとするから日常の公民館運営に無理が生じてしまうのです。この条文に余計な解釈をつけ加える必要などないということです。

六　「公民館の設置及び運営に関する基準」をいかすために

「公民館の設置及び運営に関する基準」（以下「基準」）は、公民館の水準の維持と向上をはかるために一九五九年に制定されました。二〇〇三年に大改正されましたが、残念なことに、この基準にたいする職員の認識や理解もそう高いものではありません。基準そのものが市町村の職員研修会などで取りあげられる機会が少ないからです。基準の存在さえ知らない職員もいるのではないでしょうか。二〇〇六年に刊行された日本公民館学会編『公民館・コミュニティ施設ハンドブック』（エイデル研究所）に改正前の基準と改正後の基準の全文が掲載されていますので、ぜひ比較をしながら読んでいただきたいと思います。二〇〇三年の改正において何が変わったのかということについて、とくに気になる点をいくつか指摘しておきたいと思います。

①第一条の趣旨の部分が「この規定に定める基準は、公民館を設置し、及び運営するのに必要な基準を示すものである」から、「この基準は、社会教育法第二十三条の二第1項の規定に基づく公民館の設置及び運営上必要な基準であり、公民館の健全な発達を図ることを目的とする」となり、「公民館の設置者は、この基準に従い、公民館の水準の維持、向上を図ることに努めなければならない」という表現も、「公民館及びその設置者は、この基準に基づき、公民館の水準の維持及び向上に努め

るものとする」に変わりました。この変化は、基準をもうける趣旨にたいする国の考え方が大きく後退したことを示しています。

②第二条では、公民館の対象区域が「当該市町村の小学校又は中学校の通学区域」と明記されていましたが、改正によってこの部分が全面カットされました。対象区域の具体的な概念が消えてなくなってしまったことになります。

③第三条の施設の部分には、「公民館の建物の面積は三百三十平方メートル以上とする」という最低基準が設けられていましたが、この部分も全面カットされました。このように「基準を示す」ための基準から具体的な数値が消えてしまったら、告示としての基準が「基準を示す」という役割を果たせなくなってしまうのではないでしょうか。

④第八条の職員に関する条文には、「公民館には、専任の館長及び主事を置き、公民館の規模及び活動状況に応じて主事の数を増加するよう努めるものとする」と規定されていましたが、改正後は「公民館に館長を置き、公民館の規模及び活動状況に応じて主事その他必要な職員を置くよう努めるものとする」に変わりました。「専任」の文字が消えたことは大きな後退です。さらに主事の立場も後退したものとなっています。そのことは、「主事の数を増加するよう努めるものとする」という表現が「主事その他必要な職員を置くよう努めるものとする」に改正されたことからみても明らかであり、どのように考えても一歩後退というほかありません。

⑤新たに「研修の機会の充実」（第八条第3項）という条文が加えられましたが、ここは評価できる部分だと思います。このことは、現在もっとも重視されなければならない課題の一つだからです。

⑥ 新しく条文として「地域の学習拠点としての機能の発揮」（第三条）、「地域の家庭教育支援拠点としての機能の発揮」（第四条）、「奉仕活動・体験活動の推進」（第五条）、「学校、家庭及び地域社会との連携等」（第六条）が追加されました。教育基本法と社会教育法の改正に連動して新しくもりこまれた条文です。これらの条文は、家庭という個人的な営みに公権力が介入・関与する危険性を含んだものであり、奉仕活動・体験活動を通じて国家による国民統制につながりかねない問題点を含んでいます。こうした条文は、基準には不必要な条文なのではないでしょうか。

二〇〇三年の大改正をどのように評価するかは個人の自由ですが、職員は教育基本法や社会教育法改正の動向についてはもちろんのこと、基準の改正についても関心をもたなければならないということです。そして、改正の内容にたいして自分なりの判断をもつことが必要です。公民館の発展にとってよいことはよい、まちがっていることはまちがっていると、自分の言葉と行動で意思表示ができるようにならなければなりません。そうしなければ、基準そのものが日常の公民館活動と関係のないものになってしまい、日々の公民館活動にいかすことができなくなってしまうからです。

第4章

公民館が克服しなければならない課題

現在、公民館が克服しなければならない課題はたくさんあります。地域の状況によって課題もさまざまです。とにかく課題が山積しています。公民館をめぐるたくさんの課題を羅列してコメントするだけでは意味がありませんので、ここでは各地の公民館活動に共通している課題にしぼって、そのあり方について考えてみたいと思います。

一　主催事業はこのままでいいのか

1　地域づくりの主体形成につながる事業を

現在、公民館ではどのような事業が取りくまれているのでしょうか？　職員のみなさんは、どんな願いや思いを込めて事業の企画や準備や実施にあたっているのでしょうか？　いま取りくまれている事業の一つひとつを取りあげて、その事業が何を目的に企画されているのかという観点から点検をしてみる必要があります。現在取りくまれている事業は、公民館がその役割を果たす上で本当に必要な事業なのかという確認です。法の理念や文部次官通牒に明記されている公民館を設置した理由、寺中作雄著『公民館の建設』に示されている公民館を作った三つの理由、社会教育法第二十条の公民館の目的をひもときながら総点検をする必要があると思います。

最近、各地の公民館職員との関係でびっくりするような事態に直面することが多くて驚いています。たとえばこんなことがありました。

事例その①　ある公民館の例ですが、講座が開講される数ヶ月まえに担当の職員から電話で講座の講師を担当してほしいという依頼がありました。テーマなどの詳細については電話で連絡がありましたので、依頼文書が届かなくてもレジュメを事前に送付することができました。そして、講座も無事終了しました。ところが講座が終了した三日後に、館長の職印が押印された正式な講師依頼の文書が郵送されてきました。驚いたことに四日後にもまったく同じ文書が、もう一通自宅に郵送で届きました。びっくりですよね。

事例その②　講演会を予定したいという日の六ヶ月ほどまえに、電話で講演の依頼を受けたのですが、それ以降、担当の職員から何の連絡もありませんでした。心配でしたので講演予定日の三日まえに、「その後何の連絡もありませんが、講演は中止になったのでしょうか？　伺わなくても大丈夫ですか？」と担当者に連絡をしてみました。「あっ、講演のテーマのこともありますし、会場の案内図もありますので、メールで派遣依頼の文書を送付してもいいですか？　メールアドレスを教えてください」という返事でした。こちらから電話をかけなければ、あのまま依頼の文書も届かず、テーマについても、参加者の対象や人数についても、おそらく何の連絡もなかったのではないかと思います。

事例その③　講演予定日の四ヶ月ほどまえに、何の相談もなく、突然、公民館から一方的に日時と講演テーマと会場が記入された講師依頼の文書が郵送されてきました。後日、担当者から日時の確認や打ちあわせの連絡があるにちがいないと思って待っていたのですが、何の連絡もありませんでした。

心配なので、当日の一週間まえに私のほうから電話をしてみました。「前任者が内諾をとっているものだと思い込んでしまい、確認をしないまま依頼文書を郵送してしまいました。すみませんでした。いまから他の講師をさがすことができませんので、何とか出向いてください」とのことでした。他の講師を探すとか探さないとかというレベルの問題ではありませんよね。

事例その④　駅から遠いところにある公民館で講演を依頼されたときのことです。担当者から「お迎えに伺いますので、この場所で待っていてください」と待ちあわせの時間と場所を指定する連絡がありました。当日、指定された時間に駅前の指定された場所で待っていました。しかし、指定された時間が十分過ぎても誰も迎えにきませんでした。携帯電話の番号を知らせてあったのですが電話もありませんでした。時間がどんどん過ぎてしまいます。参加者のみなさんに迷惑がかかると思い、こちらから公民館に電話をしてみました。すると担当の職員がとくに驚いた様子もなく電話口にでてきて「すみません」ということもなく、「あっ、いまお迎えに伺いますので、そのままお待ちください」とのことでした。これもびっくりです。

事例その⑤　公民館から講師依頼の電話がありました。私に依頼があったのは、長い学級のなかの一コマでした。どのようなテーマで、何を話したらよいのかということについて聴いてみたら、「先生の話したいテーマで結構です。おまかせいたしますので先生の好きな内容でお願いします」ということでした。私は、このような依頼があったときには、お断りするようにしています。担当者が何も考えず、何の意図もなく企画している学級で話をしても意味がないからです。

なぜこのような事例を申しあげるかというと、こうした不可解な事態が生起する背景には、職員の主催事業にたいする姿勢や自覚、仕事にたいする考え方が大きく影響していると思うからです。職員も人間ですので、誰にもまちがいや勘ちがいはあるものです。しかし、このような事例の場合は、明らかに単純なまちがいや勘ちがいのレベルをとおりこしているように思います。職員の仕事にたいする姿勢と考え方が、その要因になっているような気がしてなりません。ですから、主催事業の点検を行うことは、職員自身が自分の仕事にどのようにたちむかっているかという、みずからのあり方をみつめなおすことにつながります。

以前、さいたま市の公民館主事研修会で「公民館事業のあり方を考える」というテーマで話をしたことがあります。そのとき、公民館とは何かという話をしたあと、参加者に次ページの**資料5**を配布して、この表にある一つひとつの事業が、本来、公民館として取りくむべき事業であるかどうかという点検を行いました。この表は、実際にさいたま市内の公民館で実施された、ある年度の事業報告書をコピーしたものです。公民館の名前をふせて参加者に配布しました。

そして当日は、参加者どうしで意見交換を行いながら、事業の一つひとつについて点検をしてみました。その結果、表の右側の評価の欄にあるように二から二十三までの事業に×印がつきました。これらの事業は、公民館で取りあげるべきではないという評価です。もちろん、この表だけで事業のすべてを正確に評価することはできません。なぜなら、事業が終了したあとの具体的な活動や変化などについて読みとることができないからです。しかし、表面的な事柄によって一定の評価を試みることが可能ですので、この表を研修の教材として取りあげてみました。

点検の結果、最初の「ひよこ教室」だけに△印がつきました。「ひよこ教室」は×印ではないが○

資料5　A公民館事業報告書

	事業名	開催時期	回数	対象	内容	定員	参加実数	参加延数	評価
1	ひよこ教室	6･7月	5	3歳児と保護者	ゲームとリズム遊び	34	278	340	△
2	暮らしに役立つ講座①	5月	1	一般成人	魚料理	24	13	13	×
3	ハングル語教室	6月～9月	1	一般成人	ハングル語	30	269	308	×
4	夏休み子ども公民館	7月	1	小学生	料理教室	20	26	26	×
5	夏休み子ども公民館	7月	1	小学生	映画会	50	76	76	×
6	夏休み子ども公民館	8月	1	小学生	料理教室	20	26	26	×
7	夏休み子ども公民館	8月	2	小学生	ピエロ人形作り	40	42	42	×
8	夏休み子ども公民館	8月	1	小学生	絵画教室	40	43	43	×
9	夏休み子ども公民館	8月	1	小学生	昔語り・紙芝居等	50	71	71	×
10	暮らしに役立つ講座②	9月	1	一般成人	乳製品料理	24	23	23	×
11	公民館学級①	9月	1	一般成人	児童虐待	40	36	36	×
12	ライフセミナー①	9月	1	一般成人	シャンソン	50	93	93	×
13	暮らしに役立つ講座③	10月	1	一般成人	墨石けん	24	24	24	×
14	公民館学級②	10月	1	一般成人	ポシェット作り	30	38	38	×
15	歴史講座	11･12月	5	一般成人	歴史講座	30	239	300	×
16	暮らしに役立つ講座④	11･12月	5	一般成人	韓国料理	24	127	145	×
17	公民館学級③	11月	1	一般成人	クリスマス料理	24	37	37	×
18	公民館学級④	12月	1	一般成人	コンサート	50	75	75	×
19	暮らしに役立つ講座⑤	12月	1	一般成人	手打ちそば・うどん	24	24	24	×
20	公民館学級⑤	1月	1	一般成人	ペーパークラフト	20	20	20	×
21	暮らしに役立つ講座⑥	1月	1	一般成人	ポシェット作り	50	47	47	×
22	ライフセミナー②	2月	1	一般成人	ゆとりある生活をめざして	30	27	27	×
23	暮らしに役立つ講座⑦	3月	1	一般成人	キムチ作り	24	21	21	×

印もつけられないという評価です。幼児をもつ若い母親は、地域で子育てについて悩んでいるし、友だちがいなくて孤独な状態に置かれている人が多い。このことは生活課題・地域課題の一つであり、母親と幼児を対象にした事業を開催することは、公民館が取りくまなければならない現代的課題である。そうした課題にせまるものであるから×印ではない。しかし、事業が終了したあと、どのようになっているかということが、この表だけでは判断ができないので○印をつけることもできない。もし、事業終了後に若い母親のサークルが誕生し、活動が継続されている場合は○印をつけるべきではないかというのが参加した職員の共通意見でした。

私は、「表の二から二十三までのような事業は、現実に市内の多くの公民館で取りくまれている事業なのではないでしょうか。こうして点検をしてみると、私たちは公民館で取りくむ必要のない事業を企画しているということになりますよね？　それでは公民館で本来企画されなければならない事業とは、どのような事業のことをいうのでしょうか。具体的に考えてみたいと思います」とコメントしながら研修を進めました。

公民館は、学びあい、交流しあい、連帯しあうことによって、地域づくりの主体を形成する拠点として構想されました。従って、公民館が主催する事業は、地域づくりや生活課題・地域課題に関係する内容のものが基本とされなければなりません。もちろん、荒井容子が「『趣味』等の活動の広がりと深まりは、その地域の人々が普段空気のように感じとる文化的雰囲気を形成し、発展させていくことになりはしないかと思われてくる。また、その中身については極めて感覚的にしか表現できないが、その地域の人々の多くが『楽しみ』として、また『喜び』をもって、さまざまな『趣味』活動を展開することは、人々の生きる喜び・誇りを育て、寛容と共感を生み出すものになるのではないか。そういうものへと発展するように、『趣味』等の活動を社会教育実践の課題として位置づける必要があるのではないか[15]」と指摘しているように、個人が必要とする知識や技術を身につけるための学びは否定されるべきではありません。しかし、個人的な欲求を満たすためだけの学びが、公民館活動の中心に位置づけられてはならないと思います。

公民館における「趣味」等の活動をどのようにとらえるかという問題は、荒井の指摘と小林繁が「確かに学習の自由が、公民館などでのいわゆる趣味的・嗜好的な学習文化支援への傾斜、〝カルチャー化〟などと揶揄される傾向を生み出してきたことは一面の事実として指摘されてきたわけであり、それが上述（地域の連帯と協力の推進、地域コミュニティーの再生と創造など＝引用者）のような地域振興などの政策的課題を前面に押し出した取りくみを唱道する一因になったと考えられる。また、公費で運営される社会教育施設の場合、個人の趣味的な学習文化活動をなぜ公費で援助しなければならないのかという批判がそこに重なってくることも容易に想像できるだろう[16]」と指摘している観点などを合わせて再考察されなければならない課題です。

こうした課題を整理するという視点から、たとえば「パソコン入門教室」を開催するときのことを例に考えてみましょう。多くの公民館では、教室が終了するとそのまま解散しているのではないでしょうか。仮にサークルが発足しても、パソコンの技術を身につけたことの「楽しみ」や「喜び」を追求する学習に終始している場合が多いのではないでしょうか。

公民館事業として「パソコン入門教室」を開催する場合は、最初から教室終了後にパソコンを使って地域づくりにかかわる活動が生まれることを目的に企画と準備が進められなければなりません。そのためには、講師に参加者が地域を意識しながらパソコンの学習ができるように指導をしていただきたいというお願いをしておく必要があります。公民館が何のために「パソコン入門教室」を企画するのかという目的や意図を講師と共有するための事前打ちあわせを行っておくことが大切です。そして、毎回の学びが「寛容」と「共感」を生みだし、地域を意識する内容になるように、さまざまな配慮をしながら運営をしていくことが必要です。教室で身につけたパソコンの知識と技術を地域のために役立てることの必要性と大切さを参加者に自覚してもらうための努力です。

教室の開催期間中に、「教室が終了したら、パソコンで地域に役立つ活動を始められたらどうですか？」ということを参加者と語りあうことも必要です。そして、「パソコン入門教室」の参加者によってサークルが誕生し、公民館だよりの紙面づくりや各種団体の機関紙づくりの支援、障がい者や一人暮らしの人たちに役立つ地域マップの作成、地域の情報を提供するチラシづくりなど、パソコンを使いながら地域に役立つ多様な活動が展開されていくように支援をしていくことが大切です。公民館が企画する「パソコン入門教室」は、地域づくりにかかわる主体を形成する場であるという意図をはっきりさせて取りくまれなければなりません。そうした取りくみの努力が、「趣味的・嗜好的」な活動に流れやすい動きをストップさせ、「生きる喜びや誇り」を育てる学習・文化活動へ発展させていく力になるのです。

子ども対象事業のあり方を再検討する

公民館における子どもたちを対象にした事業のあり方についても、抜本的な見直しが必要だと思います。毎年、子どもたちに楽しさを与えるだけの事業をくりかえしているだけではいけないのではないでしょうか。子どもたちを対象とする事業についても、大人と同じように個人的な欲求をみたすためだけの事業からの脱皮がめざされなければなりません。そのためには、つぎのような点について改善していくことが必要です。

第一に、単なる楽しさや新しさだけを追求することからの脱皮をはかる必要があります。子どもたちの生きる力と文化を創造する力を育み、子どもたちが地域で生きることを考える事業が、もっと企画されなければならないと思います。

第二に、一回や二回で終了する単発事業、短期事業からの脱皮がはかられなければなりません。単発・短期の事業を大切にしながら、一方では年間を通じて活動が継続されていく事業を増やしていくことが重要です。そうしなければ、事業に参加している子どもたちの成長や事業の成果を把握することができなくなります。事業がお楽しみだけで終了してしまい、子どもたちが生活と文化を創造する力を育むための支援ができなくなってしまう危険があるからです。

第三に、子どもたちがお客さまという事業からの脱皮がはかられなければなりません。大人がすべてを企画し、子どもたちは、ただ参加して楽しんで帰るだけという事業のあり方を改善する必要があります。大人の事業の場合は、企画委員会や準備会などを開催しているところが増えてきていますが、子どもたち対象の事業では、そのような取りくみが総体的に遅れているのではないでしょうか。

子どもたちは、地域の将来をになう存在であり、大人といっしょに地域づくりの主体として成長していかなければならない存在です。「教育制度の枠をこえて、学校的社会から逃れた子どもたちの癒やしの問題と地域社会における子どもの生活文化創造の可能性をさぐることが、子どもと共に生きるという視点から求められている」[17]のです。大人だけでなく、子どもたちを対象にした事業のあり方についても、公民館が果たすべき役割は何か、という観点を大切にしながら、根本的なみなおしを図っていく必要があります。

公民館事業は、個人が豊かになるための知識と技術を身につけるだけでなく、身につけた知識と技術を地域にいかすことを大切にしながら開設されなければならないと思います。また、日々のくらしや生活に根ざした生活課題・地域課題を真正面から取りあげた事業に取りくんでいるかどうかということについても厳しい点検が必要です。地域に存在している生活課題・地域課題が解決されなければ、地域づくりが進まないことは明らかです。このことも公民館が個人的な欲求を実現するためだけの事業から脱皮しているかどうかを判断するときの重要なポイントになります。「自分のくらしを見つめ、自分の要求として学びが出てくるような働きかけをしてきたか」「自分の悩みや要求は何が原因で生じてくるものなのかを学ぶ働きかけをしてきたか」[18]ということが問われているのではないでしょうか。

2 学習プログラムの編成を住民と共に

学級・講座の学習プログラムを誰が編成しているかということについても点検が行われなければなりません。みなさんの公民館ではどうですか？　学習プログラムの作成は、職員によって行われていますか？　それとも住民が中心になって行っていますか？　公民館における三権分立の原則から考えると、住民が主体的に学習プログラムを作成する力量を身につけることが大切にされなければならないと思います。住民がそうした力量を身につけることができるように支援をしていくことが職員の大切な役割なのです。ところが、すべての学級・講座の学習プログラムを職員が作成している公民館もあります。

社会教育法第二十七条では、館長は「公民館の行う各種の事業の企画実施その他必要な事務を行い」、主事は「館長の命を受け、公民館の事業の実施にあたる」とされています。ですから、事業の企画と実施にあたることは、職員の本来的な職務です。問題は、職務としての事業の企画と実施をどのようなプロセスで行っているかということです。住民との相談や合意がないまま、職員の思いだけで事業の企画や実施が行われている公民館の場合は、住民は学びの主体ではなく、学びにやってくるお客様として位置づけられることになります。それではいけないのではないでしょうか。

できるだけ企画委員会や準備会などを開催しながら学級・講座のプログラムの内容編成を住民といっしょに行うことが大切にされなければならないと思います。高齢者学級のように毎年開催される事業については、年度末に参加者全員で次年度のプログラムを作成することも可能です。また、学級参加者によってプログラムの作成委員会を組織することも簡単にできることです。

こうしたことを申しあげると、職員のみなさんから「そんなことは簡単にできない」「かなり経験を積まないと、そのようなことを地域の人たちに呼びかけることは難しい」などという反論がだされるかもしれません。しかし、私の体験で申しあげますと、たとえ職員としての経験が浅くても、学習プログラムを住民が中心になって編成するための支援をすることは十分に可能です。

問題は、住民が学びたい内容を自分たち自身で自己決定することはあたりまえのことである、ということについて、職員が確信をもっているかどうかということです。このことに確信がもてなければ、どんなに経験を蓄積した職員であっても、学習プログラムの編成を住民の手にゆだねることはできないと思います。

学習プログラムの編成は、可能な限り住民の手にゆだねられるべきです。そのことは社会教育の学びの営みの基本です。もちろん、何がなんでもすべての学級・講座のプログラム編成を住民の手にゆだねなければならないということではありませんが、可能な限り住民自身がみずからの学びの内容を自己決定することができる機会をつくりだすべきなのではないでしょうか。少しずつ住民の納得と合意をえながら、学習プログラムの編成権を移譲していく努力をすべきだと思います。

職員の仕事は、学習主体である住民と相談することもなく、みずからがすべての学習プログラムを作成し、会場設営を行い、受付や司会を担当し、まとめの資料づくりや文集づくりなどを行うことではありません。住民が主体的にそうした活動にかかわることができるようになるための教育的支援をすることです。職員と住民との関係は、職員が学びの場を企画する主体であり、住民は用意された学びの場にお客様として参加するということではありません。お互いが地域づくりの主体を形成するために必要な学習課題を共有しあい、役割を分担しあいながら、いっしょに課題解決に必要な学びの場をつくりあげていくことなのです。

3　公民館事業が生みだすもの

現在、国によって公民館事業を評価する基準が明確にされているわけではありません。ですから、単純に参加者の人数によって事業の評価をしている職員が多いのではないでしょうか。そうした事業評価のあり方についても、厳しい見直しが必要です。参加者の多い事業がよい事業で、参加者の少ない事業は見直さなければならないというような評価は、とても安易な評価です。たとえ参加者が少なくても地域づくりの主体形成にしっかりとつながる内容の事業は、高く評価されなければなりません。逆に、参加者の人数が多くても、単なる知識と技術を身につけるためだけの事業や地域づくりの主体を形成する活動と無縁の事業については、根本的な見直しが必要です。

ある公民館で実際に体験したことについて話をしてみたいと思います。

その公民館では、年間二十から三十の主催事業を開催していました。ところが、私の価値判断からすると、主催事業の一〇〇パーセントが、個人的な欲求をみたすためだけの事業でした。誤解がないように、もう一度お断りしてから話を進めたいと思いますが、すでに述べましたように、公民館で知識と技術を身につけるための事業を行ってはいけないということではありません。そうした事業も必要です。しかし、公民館は地域づくりの主体を形成する拠点として設置されている機関ですから、民間の教育産業と同じような意図で事業が企画・開催されてはいけないということです。

その公民館に異動して一年が経過し、二年目の事業計画を作成するとき、私は職員会議で、「この公民館の主催事業は、個人的な欲求をみたすためだけのレベルの事業しか企画されていないと思います。来年度は、これが公民館の事業だという学級・講座を一つでいいから企画してみませんか?」という問題提起を行いました。職員はびっくりしていました。それはそうですよね。自分たちがこれでよいと思って実施してきた事業が全面否定されたわけですから……。みんなムッとしたような感じでした。

私の問題提起にたいして職員からだされた意見は、「館長からみれば、どれも問題のある事業だと思われるかもしれませんが、歴史講座などは、とても評判がよくて、毎年六十名以上の参加者があるんです。毎回、地域のみなさんに喜ばれていますから別に問題はないと思いますが……」というものでした。私は、つぎのように反論しました。

「私たち職員が、そのような認識をしていることが問題なのではないでしょうか」

そして、担当の職員に質問をしてみました。

「歴史講座は、今年で何年になるのですか?」

「五年目です。講師の先生もとてもよい方です」

「毎年六十名もの参加者がある歴史講座を五年間継続してきたことは、意味のあることだと思いますよ。公民館の歴史講座で学んだ人たちが延べ三百名もいるわけですからね。でも、歴史講座に参加した三百名のみなさんから、これまで地域を豊かにしていくための活動が芽生えたり、地域づくりの活動に参加するような動きは生まれていますか？」

「…………」

「歴史講座を開催することがいけないというのではありませんよ。公民館の主催事業は参加者が多いからとか、講師の先生がよい方だとか、みなさんに喜ばれているからという視点だけで企画されるべきではないと思います。すべての主催事業がそうした観点で企画されたら、どの事業にも人はいっぱい集まるけど、事業が終了したら、なにも生みだされないまま、それでおしまいということになってしまうではありませんか。学びに参加した個々人がたくさんの知識や技術を身につけることは大切なことです。しかし、そうした事業だけでは、公民館の基本的な役割である地域づくりの主体を形成する拠点としての役割を果たすことができなくなってしまいます。歴史を学習する講座を企画する場合も、歴史一般ではなく、地域の歴史にこだわるなどの工夫が必要です。歴史を学んだみなさんが地域を自覚し、講座が終了したあと、学んだことをいかしながら、目に見えるかたちで地域づくりの活動がスタートする、そして、地域が豊かになる活動を発展させるために、もっと公民館で地域の歴史を学びたいと考える人たちが生まれてくる、そのような契機になる歴史講座が企画されるべきなのではないでしょうか」

「…………」

こんなやりとりのあと、再度、次年度の事業計画についての話しあいが行われました。そして、次年度は、地域づくりの活動に確実に結びつく事業を最低一本企画してみようということになりました。話しあいによって構想された事業は「影絵入門教室」でした。担当の職員から「影絵入門教室」をなぜ企画しようと思ったのかという理由を聴いて、これは意味のある教室になると思いました。

新年度に入ってすぐに、「影絵入門教室」の準備会が開催され、教室がスタートしました。参加者は十二名でした。教室が終了したあと、影絵のサークルが誕生しました。既成のシナリオを作品に仕上げ、さっそく地域で公演がはじまりました。サークルが誕生した年に、「地区文化祭」「高齢者学級」「子ども会」で、影絵の公演が行われました。初年度だけで地域の二百名を超える人たちに楽しみと喜びと夢を与える活動となりました。いつか地域の高齢者から昔話や民話を聴きとり、影絵に作成し、地域の子どもたちに公演するような活動として発展していったらすばらしいですよね。

なぜ、このような話をしているかといいますと、公民館で企画する事業は、参加者の人数だけで評価されるものではないということを明確にしておきたかったからです。公民館の事業は、学んだ人たちの心のなかに何が育まれたか、そして、学んだ知識と技術が他者や地域づくりのためにどのようにいかされているかという観点を大切にしながら評価が行われなければならないのです。

参加者数を評価の基準にすると、六十名の参加者がいる「歴史講座」のほうが高い評価を受けることになります。逆に、学んだ知識と技術を他者や地域づくりに役立てるという視点から評価すると、十二名の参加者しかいない「影絵入門教室」のほうが、はるかに高い評価を受けることになります。一般教養を身につける場としての「歴史講座」も、地域をゆたかにする主体を形成することにつながる「影絵入門教室」も地域にとってなくてはならない学びです。しかし、公民館で積極的に取りくむべき事業は、たとえ参加者が少なくても「影絵入門教室」のような質の学びを身につけるものでなければならないと思います。公民館事業は、自分とまわりをみつめ、他者とかかわりあいながら地域や社会に関心をもつ。そして、地域づくりの活動に主体的に参加する人が生まれることを目的に企画されなければならないものだからです。

佐藤進は、地域において講座を開催する意義は、「①自己実現・自己発見、②生活課題・地域課題解決の学習、③地域に出る・人とつながる・地域とつながる、などに収斂できるのではないだろうか。これは講座に限った役割ではなく、講座をきっかけにしてその後の自主活動に広がっていく可能性をもっているし、そうあってこそ講座の役割が果たせるというものである」と述べています。[19]

また、上田幸夫は、社会教育実践を、「各地域において、国民みずからが自発的にさまざまな地域活動に参加し、人々と協力していく過程で学習活動が息づいてくる。その学習は、たんに知識を蓄えるということではなく、課題を解決する学習に結びついていく。あるいは、生活を豊かにする取りくみにつながっている。そして、生きる意欲と前向きに生きる力が実践的に獲得されていく」ものであるとしてとらえ、それは「人間生活にとって普遍的価値を含んだ大事な営みである」と述べています。[20]

佐藤や上田が指摘しているように、公民館事業の根底を支える基盤は、地域づくりの主体を形成する学びであり、それぞれの地域に存在している生活課題・地域課題の解決につながる学びにあることはいうまでもありません。従って、生活課題・地域課題に迫る観点から企画され、実施される事業こそが公民館で取りくまれなければならない事業なのです。

浦和市に就職してまもない頃、私たちは「浦和市社会教育研究会」という自主的な学習会を発足させ、毎月、例会を開いていました。『月刊社会教育』という雑誌の読書会です。もちろん、それとは別に浦和市公民館主事会の例会も毎月行われていました。あるとき、『月刊社会教育』の編集委員会から東京都の国立市公民館における国立市民大学セミナーについて執筆してほしいという依頼を受けたことがあります。さっそく研究会で集団討議を行い、当時の国立市民大学セミナーの批判を行ったことがあります[21]。

そのとき私たちは、「①講座の形式あるいはセミナー形式の学習と実践との結合についての問題。②社会教育の目標は、将来に対する常備軍を作ることで果たしてよいのか。問題は将来起こるのではなく、現在まさに起こっているのではないだろうか。③主たる対象が『新中間層』であるといっているが、その他の層についてどう考えているのか、例えば男子成人や子どもなど。④『公民館の役割はあくまでも学習内容の編成者、学習活動の組織者である』といっているが、学習内容の編成者は学習主体である住民ではないのか。⑤公民館での学習と市民運動または大衆運動とが明確に区別されているが、現実の主体の変革は区別できないものではないだろうか。⑥教養こそ主体の変革に迫る学習であり、その教養は将来に対する常備軍であるとしているが、教養が主体の変革に迫る学習だろうか」という六つの疑問点を指摘し、当時、国立市公民館で取りくまれていた国立市民大学セミナーにおける教養主義と主体変革との関係、学びと地域づくりの活動や運動との関係について問題提起をし、国立市公民館における教養主義的学びに対する批判を行いました。

当時、私たちが提起した問題は、今日の公民館における学びを考える場合にも議論されなければならない古くて新しい課題です。公民館の主催事業は、参加者や地域に何を生みだすために企画されるべきなのか、知識や技術を身につけることの意味はどこにあるのか、趣味・実技的な活動が果たすべき役割、スポーツ・レクリエーション活動の可能性など、地域づくりにつながる主体の形成と地域の学習・文化、スポーツ・レクリエーション活動のあり方について、もっと実践的で本質的な検討が行われる必要があります。そのためには、住民が公民館について学びあうことのできる主催事業が企画されなければならないと思います。全国のすべての公民館が主催事業の一環として「公民館を学ぶ講座」（仮称）を位置づけ、企画・開催をする必要があるのではないでしょうか。

次ページの**資料6**は、一九七七年に私自身が領家公民館で初めて取りくんだ公民館を学ぶ講座のプログラムです。講座は「講座 公民館」という名称で開催しました。とても印象に残る講座でしたので、プログラムを紹介しておきたいと思います。

この講座によって住民の公民館にたいする理解と認識が深まり、住民主体の公民館活動が一気に発展したことを、昨日のことのように思いだすことができます。その後、異動した先の公民館でも、このような講座に取りくんできました。

いま、全国のすべての公民館で、こうした「公民館を学ぶ講座」の開催に取りくむべきなのではないでしょうか。同時に個人的な欲求をみたすためだけの事業からの脱皮、職員中心主義からの脱皮、人数だけで事業評価をすることからの脱皮などの観点から、公民館で企画・実施されているすべての事業と活動を総点検する必要があります。

資料６　公民館を学ぶ講座

講座公民館

回	月	テーマ	内容	講師・助言者
1	10／24 (月)	わたしと公民館	自己紹介、映画「公民館」 公民館についての感想、希望	東京農工大学 教授 千野　陽一
2	10／31 (月)	公民館の歴史	公民館はなぜできたか 国の社会教育政策の流れ 学習文化、スポーツ活動の発展	
3	11／14 (月)	婦人と公民館	婦人にとって公民館とは 婦人教育の歴史 新しいかかわり方	埼玉大学講師 佐藤　一子
4	11／25 (金)	「公民館保育」 の現状と未来	「公民館保育」の生いたち 「公民館保育」の意味 これからの「公民館保育」	国分寺本多 公民館長 高橋　雪子
5	12／9 (金)	公民館とは何か (1)	レポートによる報告 ―グループ、サークル、利用者―	東京学芸大学 助教授 小林　文人
6	12／16 (金)	公民館とは何か (2)	公民館は何をするところか 公民館運営の基本 公民館のめざすもの	

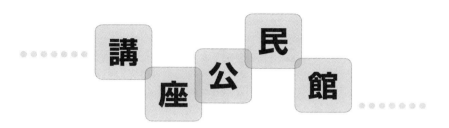

二　グループ・サークル活動にたいする支援はこのままでいいのか

1　単なる貸会場という意識をなくしていくために

グループ・サークル活動は、公民館活動のなかで大きな比重を占めている活動です。グループ・サークル活動に参加しているみなさんは、公民館をどのようにとらえているのでしょうか。

利用者の圧倒的比率を占めるグループ・サークルのみなさんが、公民館をただの貸会場として認識している場合は、公民館を利用したことのない人たちに公民館が貸会場としてイメージ化されていく危険性があります。逆に、公民館が貸会場ではなく、地域づくりの主体を形成する学びの拠点であると認識されている場合は、多くの人たちに公民館は貸会場ではないというイメージが浸透していくことになります。ですから、グループ・サークル活動に参加しているみなさんが、公民館をどのように認識しているかということは重要視されなければならない問題です。

時間をかけて、グループ・サークルのみなさんに公民館は貸会場ではないという認識をもっていただくための努力を積み重ねていかなければならないと思います。そのためには、現在、グループ・サークル活動に参加しているみなさんを対象に、公民館について学ぶための研修会を開催する必要があります。

私は、どこの公民館でも、そうした研修会を、最低年に一回か二回の頻度で開催してきました。「公民館とは何か」「公民館とグループ・サークル活動」「公民館でグループ・サークル活動を行う意味」「これからの公民館とグループ・サークル活動のあり方を考える」など、公民館によってテーマはさまざまでしたが、グループ・サークルのみなさんといっしょに公民館におけるグループ・サークル活動のあり方を考える機会をつくる努力を行ってきました。そうした研修会に参加することによって、グループ・サークルのみなさんが、公民館は貸会場のための施設ではないということを徐々に認識していくことになりました。

2　グループ・サークル活動の意味を考える

グループ・サークルのみなさんが、公民館を利用して楽しい活動を行うことは、とても大切なことです。そのことは職員にとっても嬉しいことですよね。しかし、公民館は、ただ楽しいことだけを実現するための場所として設置されたものではないということを知っていただかなければなりません。生花が楽しい、料理が楽しい、という意識だけで公民館を利用するのではなく、公民館は、本来、生花や料理を学びながら、地域の生活を豊かにしていく地域づくりの主体をつくる拠点として設置された機関なのだということを知っていただかなければならないと思います。他の公共施設で生花や料理の勉強をすることと、公民館で生花や料理を学ぶことは、意味がちがうのだということを知っていただく必要があるということです。生花や料理を学びながら地域づくりの活動に足をふみだす力を身につけることが大切であり、そこに公民館における学びの意味が存在しているのだということを知っていただかなければならないのです。

現在、公民館のグループ・サークル活動に問われていることは、つぎの三点です。

第一は、知識と技術を身につけるためだけの学びからの脱皮をはかるということです。

第二は、公民館で身につけた知識と技術を他者や地域に役立てる工夫をするということです。

第三は、地域で話題になる展示と発表の場をつくるということです。

グループ・サークル活動に参加しているみなさんに、そうした自覚をもっていただくための研修会を企画することは、そんなに難しいことではありません。取りくんでみるとわかりますが、研修会に参加した人たちの意識が変化することによって、グループ・サークル活動も変化していくことになります。公民館のことを学んだ人たちが地域を意識し、主体的に地域づくりの活動を開始しなければならないと思うようになっていくからです。

公民館の歴史や課題を学ぶ研修会が終了するたびに、グループ・サークルの人たちから「公民館のことを学んでカルチャーショックを受けた」「目からウロコが落ちた思いです」などの反応がたくさん寄せられます。一番いけないことは、公民館がグループ・サークル活動に参加しているみなさんに、公民館について学ぶための機会を提供していないことです。公民館は何のために設置されたのか、公民館が果たさなければならない役割は何か、グループ・サークル活動に問われていること、などについて学ぶチャンスさえあれば、グループ・サークル活動に参加している多くのみなさんが、公民館でグループ・サークル活動を行う意味を自覚するようになります。

個々のグループ・サークルの内部に閉ざされた形で学びと楽しさを共有していた人たちが、地域づくりの活動をとおして他者とかかわりあう経験をすると、異口同音に「もっと地域の役に立ちたいと思うようになった」「これまで以上に公民館で学びあうことが楽しくなった」ということを語るようになります。こうした意識の変化が、新しいグループ・サークル活動の視点を生みだす原動力になっていくのです。それは地域におけるグループ・サークル活動が公共性を獲得していく営みの一環としてとらえることができます。

地域で他者とかかわりあうことによって、グループ・サークル活動の意味をとらえなおすことができるようになることは、グループ・サークルが、地域から「単なるお楽しみ集団」ではないという評価を受けるきっかけをつくることになります。同時に、それぞれのグループ・サークルが地域における独自の役割を自覚していくことにもつながっていくのです。グループ・サークル活動が地域になくてはならないものとして認識されていく状況をつくりだしていくことにほかなりません。このような変化は、グループ・サークル内の人間関係づくりや学びのあり方にも変化をもたらすことになります。自己満足的な人間関係づくりや閉ざされた学びのあり方を見直す必要がでてくるからです。これまでよしとして培ってきた価値観を大きく転換させることにつながります。地域にひらかれた人間関係づくりや地域づくりにつながる主体を形成する学びのあり方を考えあうことによって、地域におけるグループ・サークル活動の存在意義がより明確なものとして自覚されていくのです。

3 研修と交流の機会の拡充を

公民館でグループ・サークル活動に参加しているみなさんに、公民館とは何かということを知っていただくために取りくんだ研修と交流の実践例を紹介してみたいと思います。次ページの**資料7**をご覧ください。

この**資料7**は、常盤公民館で主催事業として取りくまれていたグループ・サークル活動の研修と交流のつどいのチラシ（抜粋）です。常盤公民館では、当時、定期的に公民館を利用している百二十ほどのグループ・サークルのみなさんとの話しあいによって、毎年二十名からなる実行委員会を組織し、研修と交流のつどいを行なっていました。この研修と交流のつどいの名称は、「ときわみんなで語ろうかい」というものです。もちろん実行委員会の議論によって決定されたネーミングです。「ときわ」は、公民館が存在している地名である「常盤」から考案されました。「語ろうかい」は、「語ろう会」ではなく「語ろうよ！」という呼びかけあいの意味を含むものとして考案されました。

資料7は、開催してから三年目のつどいのチラシです。たまたま手もとにあったチラシを用意しただけですので、三年目ということに特別な意味があるわけではありません。このときは、前半に公民館サイドからグループ・サークル活動のあり方について問題提起を行い、後半は三つのグループに分かれて分科会討議を行いました。分科会の助言者は、市内の公民館職員にお願いしました。もちろん、分科会の司会、進行、記録はすべて実行委員が担当しました。

資料7　「ときわ、みんなで語ろうかい」

第3回 ときわ、みんなで語ろうかい!

〜〜ひとりひとりが主人公になるために〜〜

「ときわみんなで語ろうかい」も今年で3回目になりました。
今回からグループでの話しあいの内容を少し変えることにしました。
常盤公民館の利用者どうしが交流しあう、年一回の"つどい"です。
みんなで気がるに参加し、気らくに語りあいましょう!!

要項

- 日時—3月29日(木)
  午後1時〜4時
- 会場—常盤公民館
- 対象—学級、講座参加者
  グループ活動参加者
  公民館利用者
- 申し込みは、常盤公民館まで。TEL(832)1841

全体会

・午後1時〜2時
・1階　講座室

◎ 館長、実行委員長あいさつ
◎ 日程の説明
◎ 公民館からの話題提供
　公民館とは、現在の常盤公民館の問題点など……

グループでの話しあい（午後2時〜4時）

さくら草グループ（2階実習室）
《公民館活動を地域に生かすにはどうしたらいいでしょうか》
・活動の成果を地域に生かす方法や手だてについて語りあいます。
(注)この場合の公民館活動とは、公民館が主催する催しもの、グループ活動、公民館報に代表される広報活動など公民館で行われているすべての活動を含みます。

けやきグループ（2階会議室）
《展示や発表の活動及びグループの交流をどう発展させたらいいのでしょうか》
・日常の展示、発表の活動
・お互いの交流のすすめ方
などについて語りあいます。

もくせいグループ（1階講座室）
《グループの公民館利用はこれでいいのでしょうか》
・利用回数について
・地域利用、地域外利用のあり方
などについて語りあいます。

主催　「ときわみんなで語ろうかい」実行委員会
浦和市立常盤公民館

※ グループでの話しあいの助言者は、市内の公民館職員を予定しています。

このつどいは、実行委員会の議論によって、毎年さまざまな形式と時間帯で開催されていましたが、根底に位置づけられた課題は「公民館におけるグループ・サークル活動のあり方はこのままでいいのか」ということでした。毎回、活発な意見交換が行なわれ、とても有意義なつどいになっていました。

このような研修や交流を継続していくと、やがて参加したグループ・サークルの人たちに新しい変化が生まれるようになります。「公民館で学んで身につけた知識と技術を地域が豊かになるためにいかしてみよう」「地域の敬老会で高齢者のみなさんに役立つ活動ができるかもしれない」「地域の子どもたちのために何か計画してみたい」など、それぞれがいろいろなことを考えるようになっていきます。お互いに交流しあい、学習しあうことによって、公民館におけるグループ・サークル活動のあり方をみなおし、地域づくりの活動を開始していこうという自覚と機運が生まれることになるのです。

私は、全国のすべての公民館で、グループ・サークル活動に参加しているみなさんを対象に、公民館や公民館におけるグループ・サークル活動のあり方について学びあう研修会を開催する必要があると思います。お互いの日常活動について交流しあう機会をつくることも大切にされなければなりません。それぞれの公民館の実情に応じた形でよいと思いますが、すべての公民館で現在のグループ・サークル活動のあり方について、住民のみなさんといっしょに考えあう機会を積極的につくる必要があると思います。

三　公民館だよりはこのままでいいのか

1　お知らせ版から地域づくりに役立つ紙面に

公民館だよりについても点検が必要です。公民館だよりの発行のスタイルは、公民館によってさまざまです。発行の仕方も、記事の内容も、配布の方法も、多様ですよね。ご当地（村上市）の場合は、それぞれの地区公民館で公民館だよりが発行されているのか、それとも全市レベルで発行されているのかわかりませんが、どのような形で発行・配布されている場合でも、お知らせ版からの脱皮がはかられなければならないと思います。公民館だよりの紙面が、公民館事業のお知らせと公民館で活動しているグループ・サークル活動の紹介記事だけでは、いつになっても地域づくりに役立つ紙面にならないことは明らかです。そうした記事だけでは、手にとって読む人も限られたものになってしまいます。

公民館事業とグループ・サークル活動に関する内容だけのお知らせ版は、公民館を利用している人を中心とした一部の人たちにしか読まれない紙面になってしまうといっても過言ではありません。どこの地域でも公民館を利用している人の実数は、まだ少数だと思います。対象地域に住んでいる人のうち公民館を利用している人の実数は、多くても二割から三割程度なのではないでしょうか。住民の二割から三割程度の人たちにしか読まれない公民館だよりではなく、最低でも住民の五割を超えるくらいの人たちが関心をもって読んでみたくなるような公民館だよりが発行されなければなりません。そのためには、公民館からの一方的なお知らせ記事だけでなく、地域の動向や地域づくりに関係する話題がたくさん掲載される紙面づくりをめざすことが必要です。公民館を利用している人たちも、公民館を利用したことのない人たちも、地域に住んでいる人なら誰でも関心をもって読みたくなるような紙面づくりがめざされなければなりません。いま、多くの公民館で発行されている公民館だよりは、公民館サイドの自己満足的でひとりよがりのお知らせ版から、地域づくりに役立つ紙面への脱皮がはかられなければならないと思います。

次のページの**資料8**は、岸町公民館における公民館だより編集委員会で議論され、決定された、ある年の年間のメインテーマです。私は、退職する直前の二年間だけ、この公民館で勤務をしましたが、私が着任する以前に発行されていた公民館だよりは、お知らせ版そのものでした。そのことに職員も住民も疑問すら感じていないという状態でした。岸町公民館では、最初、職員どうしで公民館らしい紙面づくりをしていくための話しあいを行い、お知らせ版からの脱皮をはかる努力を開始しました。そして、新しい紙面にたいして地域から反応が寄せられるようになった段階で編集委員を公募し、編集委員会の組織づくりをはじめました。

テーマを見ていただくとわかると思いますが、このときに議論された毎月のメインテーマは、そのどれもが、お知らせ版のレベルを超えた内容となっています。

資料８　岸町公民館「公民館だより」メインテーマ

4月号	公民館事業の特集 ー昨年度の総括、今年度の事業計画ー
5月号	公民館の基本について考える
	岸町小学校校庭のこいのぼり？
6月号	地域の「散歩道」特集
7月号	ゴミ問題の今とこれから
8月号	シリーズ「戦争体験」 ー地域に住んでいる人たちの戦争体験を聞くー
9月号	地域の防災 ～防災の現状、施設の紹介、備品の状況など～
10月号	地区文化祭の特集
11月号	地域の学び舎 ー幼稚園、保育園、小・中・高等学校のルポー
12月号	岸町地域の年中行事と郷土料理
1月号	写真（新春を感じさせるもの）によるレポート ～一枚の写真から……思い出を語る～
2月号	公的な団体、NPO、ボランティアサークルなどのレポート
3月号	歴史、建物、遺跡、写真、古い地図などから中山道を考える

参考までに、同じさいたま市内の谷田公民館と美園公民館の公民館だよりのメインテーマ（ある年の一年分）も紹介しておきたいと思います。

公民館だよりは、公民館の顔そのものです。紙面を通じて公民館や公民館活動のイメージが地域に

資料9　谷田公民館「公民館だより」メインテーマ

4月号	新しく芽生えた息吹を大切に ―1年間の公民館活動が生み出したもの―
	このまちこのひと～手描き江戸友禅～
	さんぽ道～藤右衛門川の菜の花～
5月号	谷田の歴史(3) ―すぐ近くに「さいたま市」で一番古い遺跡が―
	「公民館だより」読者会の報告
6月号	シリーズ「幼児」③ ～大きく大きく大きくなあれ～
	さんぽ道～一本のイヌザクラとの出会い～
7月号	浦和の文化が育てた“うなぎ”
	公民館ってどんなとこ
8月号	平和の願いを折り鶴に “折り鶴を広島、長崎に届けよう”
9月号	いまどきの「父親像」 ～中学2年生に聞きました～
	さんぽ道～桜坂の由来～
10月号	中学生はいま……
11月号	「のびろ作業所」を訪ねて
12月号	公民館に遊びにくる子どもたち
1月号	新春文芸特集
2月号	シリーズ「幼児」④～おててつないで～
3月号	変わりゆく里の景色

資料10　美園公民館「公民館だより」メインテーマ

4月号	中学生は今
5月号	「辻の獅子舞」に出かけて見ませんか？
6月号	日光御成街道と大門～今と昔～
7月号	美園のボランティアは今
8月号	戦争体験を聞く―語り続けるために―
9月号	防災特集～9月1日は防災の日です～
10月号	地域の祭典が始まります～美園地区文化祭特集～
11月号	いま、美園地区の土地区画整理は…
12月号	楽しかったニュージーランド～美園中学校海外体験学習～
1月号	美園地区のゴミ事情
2月号	江戸時代の美園地区―地域のお宝を訪ねて―
3月号	春だ！　桜だ！　美園地区の桜ご案内

浸透していくからです。公民館だよりのもっとも大切な使命は、公民館が地域づくりの主体を形成する拠点としての役割を果たすためのサポート的役割をになうことです。そのためには、つぎのような視点を大切にしながら編集を行っていくことが必要です。

①　地域に広がる社会的問題の動きを取りあげる。

②　地域全体で考えなければならない話題を提供する。

③　生活課題や地域課題を共有しあうための工夫をする。

④　地域の住民が顔と名前で登場するスペースを設ける。

⑤　地域の歴史、史跡、伝統行事、団体活動の紹介、人口や世帯数の変化など、生活に必要な情報と資料を提供

する。

⑥公民館活動の内容や様子、公民館活動によって生まれた新しい変化などを紹介する。

⑦紙面で学習できる内容の記事を掲載する。（「公民館を学ぶ」シリーズなど）

⑧紙面を通じて地域に新しい交流が生まれる工夫をする。

⑨なるべく依頼原稿をやめ、取材とインタビューで記事を作成する。

また、公民館だよりは、一方に作り手がいて、もう一方に読み手がいるという関係ではなく、作り手と読み手がいっしょになって、「知らせあう」「発見しあう」「学びあう」「つながりあう」「創造しあう」という相互の関係性を大切にしながら編集・発行されるものでなければならないのではないでしょうか。公民館職員と住民とのあいだに、みんなで作り、みんなで読みあうという関係性が維持されていることが大切です。公民館が地域づくりの主体を形成する学びや活動を推進していくためには、地域に住んでいるみなさんに地域に関心をもっていただく必要があります。子どもたちを対象にしたスペースを設けたり、漢字にルビをつけるなどの工夫も必要です。住民が地域を意識することに結びつく公民館だよりの紙面づくりが、もっと探求されなければならないと思います。

2　編集委員会体制の確立

公民館の利用者であっても、利用者でなくても、住民が読んでみたくなる記事や話題が掲載される紙面づくりを行っていくためには、職員だけの力量では限界があります。住民が参加する編集委員会の存在が不可欠です。職員だけの力量では、地域の課題や地域の動向を詳細にキャッチすることが不可能だからです。できるだけ多くの人たちに参加してもらいながら、地域の人たちの目線で生活課題・地域課題や地域の話題をみつめることができる編集委員会を組織していく必要があります。

編集委員は、公募によって組織していくことを原則にすべきだと思いますが、職員が個々に声をかけながら委員を依頼するという方法もあります。あるいは事前に「広報紙づくり入門教室」などを開催しながら、教室に参加した人たちを中心に編集委員会を組織していく方法もあります。編集委員会を組織する方法はいろいろ考えられますが、職員として知っておかなければならないことは、お知らせ版だけの紙面を編集してみたいと思う住民はいないという事実です。地域のみなさんは、お知らせ版だけの紙面づくりなら職員だけで十分だと思っています。かりに編集作業に参加しても、お知らせ版の紙面では手伝うことがありませんよね。誰だってそう思うにちがいありません。

まず、職員が努力して住民が日々の生活にとって必要で、読んでみたい、こんな紙面なら編集作業に参加してみたいと思える紙面を作ってみることが必要です。職員の努力によって徐々に紙面が変化し、読者の層が広がっていく、掲載された記事が地域で話題になる、公民館に感想が寄せられるなど、紙面の変化によって生まれてくる地域の動向や反応をきちんと把握しながら、時期をみて編集委員を公募していくことが大切です。何も努力をしないまま、お知らせ版の紙面の状態で、いきなり編集委員を公募しても、おそらく反応はないと思います。そうした場合は、反応しない地域の人たちに問題があるのではありません。安易に事を起こそうとする職員の側の認識に問題があるということをしっかりと自覚する必要があります。

また、編集委員会は組織されれば、それでよいというものではありません。絶えず編集委員会の発展方向が模索され、検討され続けていかなければなりません。そうしなければマンネリ化を生み、活動が停滞する事態となります。掲載する記事がなくなってしまうという状況が生まれることもあります。

編集委員会が誕生したら最初に取りくまなければならないことは、編集委員のみなさんに公民館のことを学んでもらうための研修会を開催することです。公民館の機能と役割をしっかり認識してもらわなければ、公民館にふさわしい紙面を作ることができないからです。新しく編集委員が追加になったら、その都度、研修会を開催する必要があります。同じ市町村内で編集委員会を組織して公民館だよりを発行している公民館どうしが交流しあうことも大切です。さいたま市では、そうした公民館どうしの職員と編集委員による交流が日常的に行われてきました。ある公民館で公民館だよりの作り方に関する講座が開催されるときは、他の公民館の職員と編集委員がそこに参加するということも行われていました。さらに、他市町村へ出向いて先進地から学ぶことも必要です。私も編集委員のみなさんといっしょにさいたま市の隣にある富士見市の公民館へ伺い、富士見市の編集委員や職員のみなさんと交流をさせていただいたことがあります。その場で多くのことを学ぶことができました。

3 住民の声を紙面に反映させる工夫

住民の声をいかした紙面づくりを行っていくためには、編集委員会を組織することが必要ですが、編集委員会が組織されたからといって、それで住民の声が十分に反映される紙面づくりができるかというと、そうではありません。職員だけで十分な紙面づくりができないのと同じように、職員と一部の限られた人数の編集委員だけでは、地域の課題や動向を詳細にわたって把握することができないからです。ですから編集委員会が組織されたあとも、さらに住民の声が反映される紙面づくりをめざすための努力が継続されていかなければなりません。私は、つぎのような努力を行ってきました。

【通信員の設置】→編集委員会の組織化がすぐに無理な状況にある公民館の場合は、地域に通信員を依頼し、毎月、公民館だよりにたいする感想や意見を寄せていただくことを大切にしてきました。地域のバランスを考慮しながら数名の方に通信員を依頼し、毎月一回通信員の会議を開催してきました。毎月の会議では通信員のみなさんに、その月に発行した公民館だよりの感想を語っていただくことを基本にしました。さらに通信員のみなさんに近所の人たちや知人の公民館だよりにたいする感想や意見を聴いてきていただき、会議で詳しく報告してもらいました。職員だけではキャッチすることができない貴重な意見や反応を把握することができて大変有意義でした。

【読者会の開催】→谷田公民館では年に一回、読者会を開催したことがあります。公民館だよりで読者会への参加を呼びかけたり、公民館利用者のみなさんに直接声をかけておおぜいの人に参加してもらいました。文字の大きさ、文章の書き方、取材して記事にしてほしい場所や人物の紹介、編集後記の意義についてなど、公民館だよりにたいする感想や意見がたくさんだされました。公民館だよりが地域の広報紙としての役割を果たすためには、実際に紙面を読んでいる住民の意見を聴くことが基本であるということを改めて自覚する機会になりました。

四　公民館運営審議会の活動はこのままでいいのか

1　委員の選出基準と委員数

公民館運営審議会は、社会教育法第二十九条、第三十条、第三十一条の規定によって「地域の実情に応じ、地域住民の意向を大切に反映した公民館の運営がなされる」(「公民館の設置及び運営に関する基準」第七条)ために設置された住民参加の諮問機関です。そして「館長の諮問に応じ、公民館における各種の事業の企画実施につき調査審議する」(社会教育法第二十九条)ことが基本的な役割とされています。さらに「公民館運営審議会の委員は、学校教育及び社会教育の関係者、家庭教育の向上に資する活動を行う者並びに学識経験のある者の中から、市町村の教育委員会が委嘱する」(社会教育法第三十条)となっています。

一九九九年の社会教育法改正によって公民館運営審議会(以下「公運審」)は、それまでの義務設置から任意設置に変わりました。委員の選出基準も緩和され、公民館長を任命する際の公運審の意見聴取の義務も廃止されました。法改正を契機に公運審を廃止した市町村も少なくありません。しかし、公運審をひきつづき設置しながら頑張っているところもたくさんあります。

現在、公運審をめぐる最大の問題は、活動の形骸化ということではないでしょうか。たとえば、公運審が設置されているのに諮問が行われない、諮問が行われても諮問にたいする答申文を委員でなく行政の事務局の職員が代行して執筆しているなどの例は、公運審が形骸化していることを証明しています。

私は、二〇〇七年に開催された東京都公民館研究集会の「公民館運営審議会の活動を考える」という分科会に助言者として参加したことがあります。そのときに配布された東京都多摩地区二十五市における公運審の活動に関する資料「平成十八年度多摩各市公民館数・公民館運営審議会数等」を参考にしながら、全国的に共通すると思われる課題について考えてみたいと思います。古い資料ですが、検討資料としては十分だと思います。

配布された二〇〇六年度の統計資料によりますと、当時、多摩地区で公運審を設置しているところが二十三市、設置していないところが二市となっています。Ｏ市（十一館）とＫ市（五館）は、各館に公運審を設置していますが、他市の場合は市に公運審が一つとなっています。

市町村単位の委員数で比較してみますと、八名のところが一市、九名が三市、十名が八市、十二名が三市、十四名が一市、十五名が四市、十七名が一市、三十五名が一市、百十名が一市となっています。委員を公募しているところは十市で、他の十三市では公募が行われていません。さらに公募委員の人数では、二名のところが五市、三名のところが二市、四名のところが一市、五名のところが一市、十一名のところが一市となっています。

社会教育法では委員数の基準や公募の是非、公募委員数などに関する規定はありません。そうしたことは市町村の意向にまかされているわけです。学識経験者についても、同じ市町村に居住及び勤務している人を委嘱しているところもありますが、市外の人を委嘱しているところもあります。東京の多摩地区という限定された地域だけで比較してもこんなにちがいます。全国的規模で同じような比較を行ったら、もっと大きなちがいがでてくるのではないかと思います。

社会の変化にともなって地域における公民館の役割が重要になってきています。現状の公民館の問題点を克服しながら更なる発展をたしかなものにしていくために公運審が果たすべき役割は重要です。時代の変化に対応できる公運審にしていくために、市町村単位で現在の委員の選出基準、委員数、公募の有無、公募の委員数、学識経験者の位置づけなどについて、もう一度再検討することが求められています。

2　会議の開催数と日常活動のあり方

同じ資料で日常の公運審の活動を比較しても大きな差があります。たとえば年間の公運審の開催回数をみますと、二、四、五、六、七、八、九、十、十一、十二回と、かなりことなっています。

会議の回数だけで活動のよしあしを判断することはできませんが、同じ役割をになって設置されている公運審が、年間二回しか開催されていないところと、十二回開催されているところがあります。会議の回数によって活動の量もことなってくるわけですので、ここでも格差が生まれます。年間二回の公運審しか開催されていないところでは、おそらく公運審にたいする諮問も出されていないのではないでしょうか。諮問が出されなければ答申を作成する必要もありません。常識的に考えても諮問が出されたら二回の会議で答申をまとめることなど不可能だと思います。それでは、年間十二回の会議が開催されているところは、公運審の活動が活発なのかというと、単純にそう断定することもできないと思います。ですから会議の回数だけで公運審の活動を評価することはできません。会議が多くても、年間二回の会議しか開催していないところと、あまり変わらない議論が行なわれている場合もあるからです。それぞれの市町村における公民館の現状や課題が公運審の議論に反映され、公民館を発展させていくことを前提にした諮問がきちんと提出され、公運審が住民の立場に立った答申をまとめているかどうかということも点検されなければなりません。日常の公運審の会議で何が議論されているかについても、総括が必要なのではないでしょうか。どちらにしても公運審の活動が形骸化していくという状況は、一刻も早く克服されなければなりません。

委員に委嘱されたばかりのみなさんから「公運審の委員になりましたが公民館のことがよく分からない。何をしていいのか困っています」という意見を聴くことがあります。市町村ごとに新しい委員のみなさんを対象にした研修会が設定される必要があります。「公民館はなぜ設置されたのか」「公民館をめぐる状況」「公民館の役割」「公民館体制と職員問題」「公民館事業のあり方」「公運審の役割」などをテーマに公運審委員を対象にした独自の研修会が市町村単位で開催されなければならないと思います。また、必要に応じて公民館職員と公運審委員の合同の研修会も開催されるべきです。また、諮問が行われない場合であっても、市町村における公民館の状況や課題を明らかにするための実態調査やアンケートなどが公運審の日常活動として取りくまれなければならないと思います。

3　答申内容と行政施策への反映

公運審にたいして諮問が行なわれているか、また、諮問にたいしてどのような答申がまとめられているか、答申としてまとめられた内容が実際の行政施策にどのように反映されているか、その結果、何が実現することになったか、などについての調査と点検も必要です。委員のみなさんから「公民館から諮問がだされないので、公運審として何をすればよいのかよくわかりません」「議論して答申をまとめたのですが、答申内容が行政施策にほとんどいかされず宙に浮いたままになっています」などの意見を聴くことがあるからです。

公民館から諮問が出されない状況にある市町村では、公運審の側から諮問をひきだすための工夫をする必要があると思います。そのために何をどうするかということについては、それぞれの市町村によってさまざまな工夫が考えられるべきです。具体的なことは、それぞれの状況に応じて工夫をしていただきたいと思います。

すでに諮問が出され、答申もまとめられている市町村については、これまでまとめられた答申がどのように行政施策に取りあげられ、その結果、何が改善されたのかということについて総括をすることが大切だと思います。せっかく住民本位の答申がまとめられても、行政の施策にいかされなければ意味がありません。諮問に対して答申をまとめること自体が無意味になってしまいます。なぜ施策に反映されないのか、施策に取りあげられても、なぜ課題が改善されないのかについて協議を行い、その原因を明らかにしていく必要があるのではないでしょうか。

4　公民館運営審議会の機能と役割

一九八〇年に埼玉県公民館協会（のちに「連合会」となる）が発行した「公民館運営審議会委員の手引」という小冊子があります。私も公民館主事の時代に編集委員・執筆者として、手引書の作成にかかわりました。「この手引書は、昭和五十五年に初版を刊行して以来、時節の変化に対応し、昭和五十九年に改定版を発行しました。それから今日までの間に十三版と版数を重ね、多くの公民館運営審議会委員の皆様方に愛読され、公民館の振興と充実に結びついて参りました。発行部数も一万八千五百部となり、社会教育の手引書としては、異例とも言えるベストセラーになっております」（「公民館運営審議会委員の手引」平成十八年版の発行に当たって　埼玉県公民館連合会会長　加藤静一同二〇〇六年版より）。この手引書では、公運審を「公民館と住民を結ぶパイプ」であり、「公民館運営の頭脳」であり、「公民館の羅針盤」であると位置づけています。そして、二〇〇六年版では、公運審委員に必要な心構えとして、つぎのような提案を行っています。

①公運審に積極的に参加する。
②地域の動向や住民の欲求・関心に注意する。
③地域社会の生活課題が何であるかを明らかにし、その解決のための具体的な調査や研究を行う。
④公運審を対象とする研修会に参加する。

⑤公民館事業に積極的に参加し、事業の効果・反響に注意する。
⑥社会教育法や公民館条例等の法規を研究する。
⑦公運審の招集には、審議に関係のある資料を用意して会議に出席する。
⑧常に公民館職員と声をかけあい、問題意識を高めあう。
⑨他の公運審とも連絡提携や交流を深め、審議会の充実を図るようにし、時代に適合した活動をするように努める。
⑩委員は、学校教育、社会教育、学識経験での専門的識見を生かし、発言する。

また、佐賀県公民館連合会では、公運審が取りあげるべき調査審議事項として、次の内容を提起しています[22]。

①事業計画・各種の事業実施に関する諸問題
②施設・設備に関する問題
③住民の公民館利用の適正化に関する問題
④事業の効果に関する問題
⑤経営合理化等の問題
⑥運営上に生じた諸問題

こうした各地の提案を参考にしながら、とりあえず、市町村ごとに現在設置されている公運審の問題点をきちんと整理することが必要だと思います。そのうえにたってこれからの公運審の活動をどのように活性化していくかについて検討が行われる必要があります。

第5章

公民館職員の仕事と役割

一　公民館で働くということ

職員が、公民館で働くことをどのように自覚しているか。このことは公民館で働く職員のあり方を決定する大切な要因になります。最近は、公民館職員を専門職と位置づけて採用している市町村が少なくなり、一般事務職員として採用された職員が公民館へ異動になるという市町村がほとんどです。公民館に異動することを「左遷」としてとらえ、「もう自分の自治体職員としての将来は終わりだ」などと勝手に思いこんで仕事が手につかなくなる職員もいます。また、自分から「社会教育の仕事は無理だ」と最初から職務にたいする苦手意識をつくりだし、公民館の仕事にうちこめなくなってしまう職員もいます。いろいろな困難をかかえている職員が意図的に公民館へ異動になるという実態もあとをたちません。

現在、公民館で働いている職員がかかえている多くの問題は、職員個人の自覚や努力不足によるものもありますが、国の政策に連動する市町村の政策が主たる原因となって生じているものが大半だと思います。市町村自体が地方教育行政のなかで公民館をどのように位置づけているのかということが厳しく問われなければなりません。公民館にたいする市町村の認識の水準は、そのまま公民館の職員採用や職員配置の問題となってわかりやすい形で表面化してきます。ですから公民館の職員体制をみれば、その市町村の公民館にたいする理解や認識の水準を判断することができるといっても過言ではありません。また、市町村自身の公民館にたいする「認識不足」や「偏見」や、ある種の「敵対意識」が公民館をめぐるさまざまな問題を生みだす主要な要因となり、公民館で働く職員の自覚を後退させる原因にもなっています。

公民館は、当初から専門的な力量をもった職員の配置が必要な社会教育機関として位置づけられています。それなのに、どうして専門的な力量をもった職員の配置が、これまで行われてこなかったのでしょうか。文部科学省の告示「公民館の設置及び運営に関する基準」（以下「基準」）第八条には、「公民館の館長及び主事には、社会教育に関する識見と経験を有し、かつ公民館の事業に関する専門的な知識及び技術を有する者をもって充てるよう努めるものとする」と規定されています。国の基準ですから、本来、このことは全国の公民館を設置している市町村が守らなければならない最低の条件であるはずです。ところが、ほとんどの市町村がこの基準を無視しています。公民館の職員に「公民館の事業に関する専門的な知識及び技術を有する者をもって充てる」ことは、市町村がその気になれば、今でも相当数の市町村で実現できるのではないでしょうか。

現在も多くの大学で社会教育の講義が開設されています。社会教育主事の資格を取得し、将来、社会教育の仕事に就きたいという学生もたくさんいます。市町村が社会教育主事の有資格者を公民館職員として採用すれば、館長や主事に「社会教育に関する識見と経験を有する者をもって充てる」ことが一定程度可能になります。もちろん、社会教育主事の有資格者が、すべての面で優れている人間かといえば決してそうではないと思います。しかし、最初から「左遷」意識をもったり、「この仕事は自分には無理だ」などという意識で仕事をする職員でないことだけはたしかです。

現在、法的に公民館主事が専門職として位置づけられているわけではありませんが、社会教育主事の有資格者を中心にした職員採用や職員配置が行われると、公民館は本来の役割を果たしていくための大きな力を獲得することができます。公民館で一生懸命頑張って地域に役立つ仕事をしたいと考えている職員を配置すると、それだけで公民館は大きく変化するからです。全国のすぐれた公民館実践の歴史がそのことを物語っています。

ところが現実には、基準の内容に逆行するような職員採用と職員配置が市町村で進行しています。しかも驚いたことに、基準を守っていない市町村にたいして、国からも、都道府県からも、基準の第八条にそった職員採用や職員配置をするようにという助言や指導がまったく行われていないという事実です。専門的な力量が必要な職場であるにもかかわらず、そこに専門的な力が蓄えられないようにたくみな配慮を行う、国や自治体の公民館職員政策は、これまでもそうした点で一貫しています。国が基準を定めているにもかかわらず、一方では国が率先して市町村の規準違反をみすごしていることになります。このことはとてもおかしなことです。一体、何のために作られている基準なのでしょうね。こうしたことからも明らかなように、公民館職員のかかえている問題が解決されないまま放置されている原因は、国や自治体の社会教育・公民館政策のなかに存在しています。

公民館職員研究に必要とされる視点

研究者を中心に取りくまれている公民館職員研究の分野においても、公民館職員をとりまく課題を分析・探求する研究や、専門性に関する研究は、必ずしも十分とはいえない状況にあると思います。小林文人編『社会教育職員論』（東洋館出版社）が出版されたのは一九七四年のことです。いまから四十年もまえのことになります。この間、社会教育推進全国協議会、日本社会教育学会、日本公民館学会、全国社会教育職員養成研究連絡協議会などで、公民館職員をめぐる課題について、さまざまな角度から研究と議論が積み重ねられてきました。それぞれの団体における研究と議論の成果は、それぞれの団体が発行している年報や紀要や資料にまとめられています。しかし、『社会教育職員論』が刊行されてから以降、この四十年間に公民館職員論を中心テーマにすえて編集された本は、一冊も出版されていないのではないでしょうか。

現在も四万九千人を超える職員が、社会教育機関の最前線である公民館で働いています。公民館職員論の構築が公民館活動の発展を支える基本であることは、公民館や公民館職員の問題に関心を寄せる研究者の共通した認識になっているはずです。それなのに、どうして公民館職員論にこだわった研究が拡充されない状態のまま、今日まで推移してきているのでしょうか。

一方、公民館職員や住民の立場に立って、公民館が、寺中構想や文部次官通牒や法の理念をいかすことができなくなっている根本原因を明らかにし、公民館本来の活動が発展していくための方向を探求する研究が深められないまま、公民館の現状にたいする批判を行い、その結果、「社会教育法の規定はもう古い」「教育委員会の所管になっていることが問題」「首長部局へ移管した方が効率がよくなる」「専門職採用はナンセンス」「民間にゆだねるべきである」などのような、現状を否定する結論を生みだしかねない研究動向が広がりはじめているように思います。そのような社会教育研究や公民館研究のあり方については、正直いって違和感と疑問を感じます。そうした研究方向や理論構築の仕方は、現在、国が進めている新自由主義の理念にもとづく「構造改革」路線としての社会教育・公民館政策に乗じる発想であり、「生涯学習」とか「協働」という言葉のもとで、公民館の充実・発展にくみしない議論を拡散していくだけのものに過ぎないように思えるからです。

そのような課題へのせまり方ではなく、「公民館が元気を失っている原因はどこにあるのか」「事業がカルチャーセンター化しているのはどうしてなのか」「市町村が公民館職員を専門職採用しないのはなぜか」「公民館が本来の役割を果たせなくなっているのは、職員個人の自覚や力量の問題なのか、それとも国や自治体の政策に原因があるのか」などの観点から、現在の公民館や公民館職員がかかえている課題を生みだしている根本原因を明らかにし、その原因を取りのぞくための方策や今後の発展方向を確かなものにしていくことにつながる理論研究が、もっと意識的・意欲的に取りくまれるべきだと思います。そうしなければ、依拠する足場をもたない建築物のように、公民館職員や住民に支えられない研究活動が一人歩きしてしまうことになりかねません。同時に、一つひとつの現代的課題にたいして政策提言ができる研究活動にも取りくんでいく必要があると思います。

一九六〇年代から一九七〇年代にかけて、全国各地の市町村が公民館職員として社会教育主事の有資格者を専門職採用した時期があります。この時期に専門職として採用された職員と住民の努力によって、全国各地で素晴らしい実践がたくさん取りくまれました。まさに公民館活動の発展期を迎えることになったのです。ところが一九六〇年代の後半から各地で不当配転の嵐が吹きあれることになります。公民館職員として専門職採用された職員が、本人の意向を無視されたまま他の職場へ強制的に異動させられるという事態が、全国各地でつぎつぎに生起しました。この時期に不当配転された職員は、どの市町村の場合も住民から親しまれ、地域の学びにとって必要とされていた職員であったということが、全国共通の特徴となっています。行政から公民館で仕事をしてほしいと期待され、公民館で働きたいという願いをもって採用、配置された職員が、住民の意思も本人の意思も無視された形で不当に配置転換されました。

なぜこのようなことが起きたのでしょうか。そのことを解明していくことが、現在、公民館が公民館らしい活動ができない状態に置かれている根本的な原因を明らかにすることにつながります。公民館を公民館でない状態にさせている原因を明らかにしたうえで、その原因を取りのぞいていくために何が必要なのかという観点から、公民館を充実、発展させていくための運動や研究活動が再構築されなければなりません。不当配転の問題では、職員本人が公平委員会に提訴している事例も多く、住民によって職員の現職復帰を実現するための運動も数多く取りくまれてきました。

では、公民館職員としての自覚や心構えを身につけるためにはどうしたらよいのでしょうか。これからそのことについて考えてみたいと思います。公民館における職員問題は、公民館をとりまく問題を考えるときの基本であり、公民館をめぐるあらゆる課題の中核に位置する問題だからです。

1　毎日が主催事業の連続

公民館職員は、毎日の仕事にこだわりをもたなければならないと思います。みなさんは、どんなことにこだわりながら仕事をしていますか？　忙しさに追われて、あっというまに毎日が過ぎてしまうというのが現実だと思います。しかし、どんなに忙しくても職員としてこだわるべきこと、忘れてはならないことを大切にしながら仕事をする必要があります。

最初に考えてみたいことは、公民館における日常のすべての仕事を主催事業と同じ価値のある仕事としてとらえるべきではないかということです。公民館における仕事の中心は、主催事業の準備と企画と実施であり、そのために全力をあげることが大切であると考えている職員が多いのではないでしょうか。そのように考えると、一つの主催事業が終了すると、一つの仕事が終わってしまったという錯覚におちいってしまうと思います。公民館の仕事は、そういう性格の仕事ではありません。毎日の勤務時間のすべてが主催事業であるというとらえ方をすべき仕事です。

公民館の仕事に就いてすぐに、これまで会ったこともない知らない人に初めて電話で講師の依頼をするとき、緊張しない職員はいないと思います。初めて学級・講座の司会を担当するときもそうですよね。参加者や講師に失礼をしてはいけないし、こちらの思いを正確に伝えなければならないし、スムーズな流れで学級・講座を進行したいと思っているからです。失敗してはいけないと思うから緊張するのだと思います。

主催事業がない日であっても、講師の交渉をするときや、学級・講座の司会を担当しているときと同じように緊張した意識で勤務にあたることが大切です。事務室で事務の仕事をすること、地域で住民と言葉をかわすこと、館内のロビーで住民と語りあうこと、そうしたことは、すべて主催事業と同じ価値をもつ仕事として認識されなければなりません。そして、公民館における何でもないように見える日常の仕事が、充実感をともなって蓄積されていることが、やがて住民の要求にそった主催事業を準備・企画・運営していくときの力になっていくのです。住民とかわす日々の会話は、学級・講座の準備会や反省会をそのまま継続していることであるといっても過言ではありません。このように「毎日が主催事業」という意識をもつことにこだわりながら仕事を創造していくことが大切です。

2　地域をみつめ地域をつかむ

地域は、すべての住民にとって生活の基盤と生活の矛盾が同時に存在しているところです。ですから、「地域は、日本と世界の統一的な問題の噴き出している場所であり、それは空間的には一定の場所でありながら、質的には日本や世界の問題を特殊的な形ではらんでいる世界史的な情況の一コマ」[23]としてとらえることができます。

公民館職員が、地域を基本に公民館の運営や活動を考えていくべきであることはいうまでもありません。公民館は、地域の生活を豊かにするための主体を形成する拠点でなければならないからです。職員は、いつも地域と向きあいながら仕事をしなければなりません。地域をみつめ、地域から逃げないようにしなければならないのです。そのためには、つぎの三つのことを大切にしながら仕事に取りくんでいくことが必要だと思います。

地域の動きと住民の心情を把握する

第一は、地域の動きと地域に住んでいる住民の心情を正しく把握するということです。そのためには、地域を歩くこと、たくさんの住民とあいさつをかわすこと、住民とお互いの悩みや課題を気楽に語りあう機会を数多くつくることが必要です。ときにはアンケート調査などによって地域をとらえることも必要ですが、私の体験から自信をもってすすめることができるのは、できるだけ地域を歩いて一人でも多くの人たちと直接語りあうことです。公民館の内外で出会う人たちとあいさつをかわす、ロビーにたたずんでいる人に語りかけてみる、そんな何でもない対話から想像もできなかった学びのドラマが生まれることがあるからです。

私は、常盤公民館で公民館主事として勤務をしていたとき、もう一人の女性の主事と相談して約五千五百世帯の対象地域を一戸一戸、毎月発行している公民館だよりを二年間にわたって全戸配布したことがあります。平均すると約五千五百世帯のすべての家を四回ぐらい訪問したことになるのではないかと思います。当時の埼玉新聞（一九九二年四月二十一日付）が、「地域が立体的に見えてきた」というタイトルで、私たちの活動をつぎのように紹介しました。

> ＪＲ北浦和駅西口前の浦和市立常盤公民館が『公民館だより』の配布を自治会だけに任せず、職員が直接地域を歩いて全戸配布する試みを始めている。県内では初の実践。住民と話をしながら公民館への要望も聞く。職員は「これまで平面でしか捉えられなかった地域が立体的に見えてきた気がする」と話している。

職員による全戸配布は昨年十二月から始めた。同公民館の守備範囲は約五五〇〇世帯。すべてを毎月配布するのは物理的に困難なので、一ヶ月ずつ順番に歩いている。来月で一巡する。配布しているのは片野親義さんと野本陽子さんの二人。上司のバックアップの下、関係自治会の承諾を得て始まった。始めてわかったのは、自治会に加入していない住民がかなりいること。ワンルームマンションや浦和在勤者には、既存の自治会ルートでは『公民館だより』が渡っていなかったこと。各丁目とも二十部から三十部は増刷しなければならなかったという。

一つ一つポストを訪ね歩いて行くうちに、確かに反応が出てきた。これまでは公民館と縁のなかった事業所の勤め人から学級・講座の申し込みがくるようになった。利用者として顔は知っていても、その人がどんな地域に住んでいるかは地図の上でしか分からなかったのが「ああ、あの利用者はこんな環境にいたのだ」と分かると翌日からの会話も違ってくる。高いビルが新設されたのに驚いたり、社宅の雰囲気が分かったり、洗濯物の具合で、このあたりは小さい子どもを持つ家庭が多いと実感したり。「公民館の中にだけいたのでは分からなかったことがいっぱいある」と野本さん。歩いてみて自分の職場である公民館がいかに信用されているかも体験した。

配りながら、最低五人の住民と話をすることにした。『公民館だより』を見ているかどうか、どんなことに興味があるか、公民館に来たことがあるか、要望はないか——その結果を館長含め四人の職員で話し合う。

片野さんは、社会教育職員として今年二十五年目のベテランだが、野本さんは五年目。これまで資産税課、建築指導課、公園緑地課と異動してきたが「同じ行政でも、ここは住民にたいしてオープンで秘密がない。シナリオもないし、こちらが住民に話しかけないと仕事にならない。毎日が新鮮。専門書も読んで勉強しないと住民サービスにならない」と目を輝かせている。

地域は、社会の動向と密接につながりながら、絶えず変化している生き物です。職員は、一面的、部分的に地域をみつめるのではなく、できるだけ立体的、構造的に地域をとらえる努力をすることが必要です。生きている地域は、どんなにみつめても、みつめきれるものではありません。ですから、いつも地域の動向に関心をもち続けることが大切です。

私は、公民館だよりを全戸配布するまえまで、地域は公民館のなかで一生懸命仕事をしていれば自然に見えてくるようになるものだと思っていました。公民館にやってくるたくさんの利用者や学級・講座の参加者と出会い、語りあうことによって地域を認識しているつもりになっていました。しかし、それは自分の錯覚にすぎなかったのだということを、地域の全世帯を訪ね歩いてみて、初めて実感することができました。

地域を知るということは、地域がかかえている要求を把握し、地域の地形や地域に住んでいる人たちの顔や名前や人数を知るということだけではありません。地域にひっそりと潜んでいる住民の息吹と地域に流れている風のにおいを感じることができるようになるということなのです。地域が立体的に見えてくるということは、地域の風の流れやにおいと住民の生活の営みとの関連が見えてくるということなのです。

地域を歩くと、丁目ごと、路地ごとに違う風が吹いています。それぞれに違うにおいの風が流れています。それは公民館のなかで仕事をしているだけでは感じ取ることができない風です。地域の生活は、地域に流れる風のなかに存在しています。だから、地域が見えるようになるということは、地域に流れる風を感じとることができるようになることなのです。地域の風を知るということです。

住民の学びの要求を総合的に把握する

第二は、住民の学びにたいする要求を総合的に把握するということです。住民の要求は、学習、文化、スポーツ、レクリェーションなど多岐にわたり、その内容も多様です。住民の多様な要求をできるだけたくさん把握することが大切です。その場合、要求には、顕在化していて「見える要求」と潜在化しているために「見えない要求」が存在していることを知っておく必要があります。「見える要求」と「見えない要求」については、先に紹介した拙著『社会教育における出会いと学び――地域に生きる公民館入門――』（ひとなる書房）と『学びの原風景をさがし求めて――社会教育の現場から――』（国土社）に、私の体験が掲載されていますので参考にしていただきたいと思います。

そして、把握したすべての要求を生活課題や地域課題に関するものと個人的な欲求に根ざすものとに大別して整理をしてみることが必要です。地域全体で考えなければならない課題と個人的な欲求にもとづく課題という内容に整理してもよいのではないかと思います。そうすると地域のかかえている問題が、課題別に、あるいは整理の仕方によっては対象別に、とてもわかりやすく見えてくるようになるはずです。さらに、把握した住民の要求に職員として感じていることを加えながら、地域の要求をより確かなものにねりあげていく作業が必要です。地域における住民の要求と課題は、あらゆる方法を駆使しながら、できるだけ総合的、客観的に把握されなければならないものだからです。
また、住民の学びの要求を公民館事業として取りあげる場合、生活課題・地域課題に関するものが優先されなければならないことはもちろんですが、個人的な欲求に根ざすものを無視してはいけないと思います。公民館の活動は地域の課題を大切にしながら、個人の学びの欲求も同時に保障されるものでなければならないからです。

地域でともに生きるという感覚を大切にする

第三は、住民と地域でいっしょに生きるという感覚を大切にしながら仕事をするということです。職員が公民館の対象地域内に住んでいる場合は、みずからも住民の一人です。しかし、地域外から通勤している場合は、地域の住民ではありません。その場合は、地域に住んでいないわけですから、住民といっしょに生きることは物理的に不可能です。しかし、いっしょに生きるという感覚を大切にしながら仕事をすることは可能です。

そのためには、できるだけ地域の空気を吸って生活する時間を長くすることが大切です。地域の店で食事をする、買い物をする、地域の乗り物を利用する、地域の小売店を利用するなどのことをくりかえしているうちに、住民といっしょに生きているという感情や感覚がめばえてくるようになります。私も、独身のころは、昼食を地域の店で食べ、地域の銭湯や理髪店を利用するようにしました。銭湯で地域の人たちと出会い、さまざまな話をすることもありました。学級・講座のポスターを銭湯の脱衣所や理髪店の壁面に貼らせてもらったこともあります。銭湯と同じように、理髪店も地域の話題が集約されている場所です。地域のいろいろな話題を耳にすることができます。魚屋さんもパン屋さんや花屋さんもそうでした。

家に帰るときには、なるべく地域の魚屋さん、パン屋さん、花屋さんなどに寄って買い物をするようにしました。公民館の職員が寄ってくれるということで、とても喜ばれました。谷田公民館で小学生を対象に取りくんだ地域の小売店体験の活動は、そうした小売店のみなさんとの日常のふれあいが契機となって構想されたものです。小売店での体験（品物を仕入れる、品物に値札を貼る、品物を棚に陳列する、お客さんに対応してレジをたたくなど、小売店のおじさん・おばさんが毎日行っている仕事を実際に店で半日体験する）は、子どもたちが地域を知り、自分が地域に住んでいることの意味を自覚するうえで大きな役割を果たしました。

小学校の四年生から六年生を対象にした「わいわい村」という自然体験教室では、毎年、キャンプを行っていました。見ず知らずの子どもたちが一泊のキャンプに参加するだけで、一気に仲良くなり、お互いの仲間意識や連帯意識がめばえるようになります。子どもたちだけでなく、公民館職員やスタッフとの信頼関係も深いものになります。キャンプでなぜそうなるかというと、同じ空気を吸い、同じ場所で生活し、同じものを食べ、同じ体験を共有しあうからです。みんなでいっしょに生きる体験をするからにほかなりません。

キャンプの場合と同じように、公民館職員が住民といっしょに生きるという感覚を共有しあうためには、住民といっしょに生きているということが実感できる体験や機会をたくさんつくりだす必要があります。そうした体験や機会が多ければ多いほど、住民といっしょに生きているという感覚がみがかれていくことになります。そして、お互いの仲間意識、連帯意識、信頼関係が構築されていくのです。

3　自治体職員としての自覚

自治体は、民間企業のように利潤を生みだす経営体ではありません。職員の賃金は、住民の税金によって保障されています。ですから自治体職員の仕事は、住民のために全力をつくさなければならないものであるはずです。ところが、公民館の職場はなかなかそうならない状況にあります。なぜかというと、公民館へ異動しても、また数年で他の職場へ異動するという現実があるからです。「どうせ異動するのだから……」という職員の意識が仕事にたいする自覚を薄めてしまうことにつながってしまうのです。

現職中に埼玉県内のK市で開催された社会教育関係職員の研修会へ伺ったときのことです。二日間連続の研修会で時間の余裕がありましたから、最初、参加者全員に自己紹介をしてもらいました。その時、若い男性の職員が、つぎのように自己紹介をしました。

「中央公民館で仕事をしている〇〇と申します。公民館に異動して六ヶ月になりますが、異動するときに上司から二、三年たったら本庁へ戻すからといわれてきたので、仕事に身が入りません」

私は、研修会の場で平気でこのような発言をする職員にびっくりしました。そして、すぐその職員に質問をしてみました。

「上司から公民館で二、三年仕事をしたら本庁に戻すといわれてきたので仕事に身が入らないというのは本当ですか？」

「はい、そうです」

「では、二、三年ではなく五年間公民館で仕事をしてほしいといわれたら仕事に身が入りますか？」

「……」

「わかりませんか？　五年間では判断ができませんか？」

「……」

「じゃ、十年間公民館で働いてもらうといわれたらどうですか？」

「……」

「それじゃ、退職まで公民館で仕事をしてもらうといわれたら仕事に身が入りますか？」

「……」

残念なことに、その職員から返答はありませんでした。

私は、そのとき、つぎのようにコメントしました。

自治体で働く職員は、そのような心構えではいけないのではないでしょうか。私たち自治体で働いている職員は、いつどんな職場へ異動するかわからない状態で仕事をしているわけでしょう？　だから、どこへ異動しても、そこで住民のためにベストをつくすというのが、自治体職員の基本姿勢でなければならないと思います。そのことは、自治体職員として自覚しなければならない最低のモラルです。このモラルが自覚できない人は、自治体職員としての仕事ができなくなるのではないでしょうか。私は、「この職場で一年間仕事をしてほしい」という内示を受けたら、異動した職場で一年間住民のために全力で仕事をする職員になりたいと思っています。そういう心構えで仕事をしなければ、住民のために役立つ仕事はできないと思うからです。私たちは、自治体職員としてどうあるべきかという観点から、もっとみずからの仕事にたいする姿勢と、現在、自分が行っている仕事の内容を厳しくみつめなおす必要があると思います。

その職員は、きっとびっくりしたのでしょうね。研修会が終了して駐車場にむかって歩いていたら、あとから追いかけてきて、「さきほどはすみませんでした。あのようなことを聴かれたのは初めてなので返事ができませんでした。申し訳ありませんでした」といいました。私は、その職員に「私にあやまる必要はありませんよ。私にあやまるより自分にあやまったらどうですか」と返答しました。自治体で働く職員は、さまざまな職場へ異動することを承知で職員になっているはずです。人間ですから好きな仕事もあるし、嫌いな仕事もあるのは当然のことです。自分にむいている職場もあれば、むかない職場もあるはずです。それはあたりまえのことですよね。大切なことは、どのような職場でも、どのような仕事でも、何年間であっても、与えられた職場で住民のためにベストをつくすという気概や心構えをもっているかどうかということなのです。

自分から学ぶ努力をする

自治体職員が、もう一つ大切にしなければならないことは、職員としての自覚と力量を高めるために自分で学習する努力をするということです。みなさんは、公民館職員としての自覚や力量を高めるために、いつ、どこで、どんな努力をしていますか？

私は、以前から各地の公民館職員研修会で職員のみなさんに社会教育や公民館に関する本を買って読んでほしいというお願いをしてきました。自分から仕事の本を買う職員になってもらいたいと思います。なぜかというと、仕事に関係する本を読んで学習しなければ、住民の立場に立って仕事をする職員にはなれないし、住民のために役立つ仕事もできないと思うからです。このことは公民館で働きながら身につけた哲学です。

一年間公民館で仕事をしたら、最低一冊以上は仕事に関係する本を買うという自覚をもってほしいと思います。二年間仕事をしたら二冊以上、五年間仕事をしたら五冊以上、十二年間仕事をしたら十二冊以上の仕事に関係する本が家にあるという状況をつくってほしいと思います。自分で決心したら一年間で一冊以上の仕事に役立つ本を買うことは、誰にでもできることなのではないでしょうか。問題は自分がそういう職員になろうと思うかどうかということなのです。本を買って学習する職員になろうという自覚をもつことができるかどうかということです。それくらいの自覚がなければ、公民館で充実した仕事をすることはできないと思います。

以上のことからも明らかなように、自分が公民館の仕事にたいして、どの程度の意欲をもっている自治体職員かということを自分で診断するバロメーターは二つあります。一つは、どのような職場へ異動しても、その職場で何年間仕事をする場合でも、そこで住民のためにベストをつくすという心構えをもっているかどうかということです。もう一つは、一年間に一冊以上の仕事に関係する本を買って読むという自覚をもっているかどうかということです。この二つのことがクリアできていない人は、自分をまだ公民館で本気になって仕事をしようと思っていない職員だと判断してください。いろいろと自分勝手な理由をつけて自分を仕事や学習から遠ざけ、よりよい住民サービスをめざすための努力をしようとしない職員がいます。自分の自覚不足や努力不足を棚にあげて、仕事ができない理由を上司のせいにしたり、同僚のせいにしたり、行政方針のせいにしたり、住民のせいにしたりする職員もいます。異動のたびに不平不満ばかりいって仕事をしようとしない職員もいますよね。こうした職員は、この二つのことがクリアできていない職員です。

さいたま市が誕生する少しまえのことですが、新しく浦和市の公民館で働くことになった新入職員対象の研修会で講師を依頼されたとき、つぎのような話をしたことがあります。

みなさんは、これから浦和市の公民館で仕事をすることになります。個人によって公民館で働くことになった理由も、仕事にたいしてもっているイメージもさまざまだと思います。働くことになった理由がどのようなものであっても、公民館で働くことをどのようにとらえていたとしても、市民からみるとみなさんは浦和市の公民館で働く自治体職員です。

みなさんのなかに、公民館へ異動したこと、配属になったことを「左遷だ」と考えたり、「不本意だ」と思っていて、まわりの人たちに不平、不満をいっている人はいませんか？　また、

「とにかく早く他の職場へ異動したい」という気持ちを優先するあまり、「公民館の仕事は自分にむきそうもないから、異動するまで仕事は、ほどほどに……」などと考えている人はいませんか？

はっきり申しあげますが、そういう意識のまま公民館で仕事をしたいと思っている人は、公民館職員として失格です。公民館職員として失格だけでなく、自治体職員としても失格だと思います。もし、この研修会場にそういう人がいましたら、一刻も早く浦和市役所を退職していただきたいと思います。そして、自分なりにやりがいのもてる新しい仕事を探してほしいと思います。

みなさんがこれから仕事をすることになる地区公民館の職員体制は四人です。自分の仕事に意欲と責任をもつ努力をしようと思わない職員は、まちがいなく他の三人の職員に迷惑をかけることになります。職員だけでなく、住民のみなさんにも迷惑を与えることになります。そういう人は、他の職員にとっても、住民にとっても、不愉快で迷惑な職員です。不平、不満ばかりいって努力をしようとしない職員は、もともと公民館や自治体で仕事をする気がないわけですから、毎日、公民館へ出勤することが苦痛になると思います。

公民館は、すべての職員にとって働きがいのある職場でなければなりません。同時に利用者にとっても、快適な学びの場として機能していなければならない社会教育機関です。公民館で仕事をすることに意欲と責任をもつための努力をしようとしない職員は、基本的になじむことができない職場です。ですから、自分の仕事に意欲と責任をもとうとしない職員は、自分から市役所を退職して自分なりに意欲のもてる新しい仕事を探すべきだと思います。そうすれば、新しい職場で毎日楽しく仕事をすることができるようになると思うからです。公民館や自治体の仕事にうちこもうとしない本人にとっても、同じ公民館で働く他の職員にとっても、利用者にとっても、それが一番よい方法だと思います。お互いが納得できる解決策だと思いませんか？　しかし、なかには事情があって、今すぐ市役所を退職することができないという人がいるかもしれませんね。そういう人は、浦和市役所の職員として働いているあいだに、自治体職員としての自覚がもてるように自己を形成する努力をしていただきたいと思います。

みなさんは、公民館という自治体の職場で仕事をするチャンスを与えられました。本日の研修会を契機に公民館で全力をふりしぼって仕事にうちこむ覚悟をしてほしいと思います。そして、公民館の仕事をとおして、今後、どのような職場へ異動しても不平や不満を口にしない自治体職員になれるように自己を形成していただきたいと思います。お互いにどこへ異動しても、与えられた職場で住民のためにベストをつくすという自覚をもつ自治体職員になろうではありませんか。

まわりの人たちに不平、不満をいう時間があったら、その時間をどうしたら公民館でよりよい仕事ができるかということを考える時間にあててほしいと思います。私は、同じ自治体の公民館で働く仲間の一人として、みなさんにそうした自覚と心構えをもっていただきたいと思います。公民館におけるすべての仕事が、私たち自身の自治体職員としての自覚と心構えからスタートするからです。

各地で職員のみなさんと話をすると、「公民館へ異動して二年しかたっていないので公民館のことはよくわかりません」などと平気で語る職員がいます。このような発言は、「私は、ラーメンを作る店に就職して二年たったけど、一生懸命ラーメンを作ってもいないし、作り方を学ぶ気もないし、本当はラーメンを作ろうとも思っていないんです」といっているのと同じです。ラーメンを作るために就職したのに、二年たってもラーメンを知らない人、作ろうともしない人は、おそらく店をやめさせられることになると思います。そういう人は、店に必要のない人だからです。賃金を支払う価値のない人ですよね。

ところが公民館職員の場合は、努力をしないまま何年も「まだわからない」「まだできない」といっていても、それですむという現実があります。そうした言動によって職場をやめさせられることもないし、毎月、賃金も支給されるからです。だから、一生懸命努力をしなくてもよいという安易な気持ちや考え方を身につけてしまう場合があります。そして、いつのまにか、そのような自分を恥ずかしいとも、いけないとも思わなくなってしまうのです。「まわりがみんなそうだから……」などといって自分を合理化し、平気で自分をごまかす職員になっていくことがあるのです。そうなったら、もう自治体職員ではありませんよね。なんといったらよいのでしょうね、とても恥ずかしいことだと思います。

4　職員研修の計画と充実

自治体職員としての意識や自覚を身につけるうえで職員研修は大きな役割を果たします。みなさんの市町村では、どのような職員研修がどんな内容で実施されていますか？　最近、埼玉県内では公民館で働く職員を対象にした研修を実施していない市町村が増えているように思います。自治体で働く公民館職員としての自覚は、基本的には個人の努力によって身につくものだと思います。しかし、個人の自覚をうながすことにつながる職員研修が市町村単位できちんと実施されていることが必要です。講師謝金の予算がないことを理由に研修を実施していない市町村もあるようですが、研修はお金がなくても実施できることです。予算をかけて講師や助言者をまねかなくても、職員どうしが日々の仕事で感じていることをレポートしあいながら課題をだしあい、その課題を解決するための方策について意見交換しあうことも立派な研修です。ベテラン職員に体験談を話してもらうことも有効です。テキストや資料を読みあいながら研修をすることも可能ですよね。このように予算がなくても工夫をすれば、さまざまな形で充実した研修を実施することが可能になります。

次ページの**資料11**は、私が体験してきた職員研修をふりかえりながら、公民館で働く職員の研修について若干の整理をしてみたものです。このような整理の仕方が正しいかどうかは別にして、公民館職員の研修を考えるときの一つの参考にしていただきたいと思います。このなかのいくつかの研修を組みあわせて研修計画を作成することも可能です。

職員研修を計画するときに大切にされなければならないことは、研修を受ける立場にある職員によって、研修内容の検討が行われる必要があるということです。ただし、新入職員研修の場合は、新入職員自身が研修内容を決定することが困難ですので、新入職員以外の人たちによって内容が決定されている市町村が多いと思います。

資料11　公民館職員研修の構想

種類	対象	目的	内容
①新入職員研修	新入職員	公民館と公民館における仕事のイロハを学ぶ	・関連法と条例・規則 ・当該市町村における公民館の現状と課題 ・公民館職員の仕事と役割 ・主催事業の企画と運営 ・公民館とは何か ・団体活動と公民館　など
②基礎研修	全職員	自治体職員・公民館職員としての自覚と役割を身につける	・日本国憲法・地方自治法・地方公務員法 ・教育基本法・社会教育法・公民館の設置及び運営に関する基準・生涯学習の振興のための施策の推進体制等の整備に関する法律　など
③理論研修	全職員	公民館に関する基礎的理論を学ぶ	・公民館の歴史・理念・現状 ・市町村の教育方針と公民館政策 ・市町村の公民館が抱えている課題 ・これからの公民館についての展望 など
④課題研修	全職員	公民館を取りまく課題についての認識を深める	・たとえば「青少年問題と公民館」「家庭・地域・公民館」「高齢者の学びと公民館」「貧困問題と公民館」「公民館におけるグループ・サークル、団体活動のあり方を考える」など、必要な課題を取りあげいくつかのコースに分かれ研究、討議する
⑤実技研修	全職員	公民館の仕事にすぐ役立つ技術を身につける	・公民館だよりの編集とレイアウト ・ポスター、チラシの作成 ・ＰＣ機器の効果的活用　など
⑥職種別研修	職種別	職種ごとに存在する課題について考える	・館長グループ ・主事グループ ・指導員、推進員グループ　など
⑦経験年数別研修	経験年齢別	経験年数ごとの課題について考える	・初任者コース（１年～２年） ・中堅者コース（３年～５年） ・ベテランコース（６年以上）　など
⑧全体研修	全職員	全職員が共有しなければならない課題について考える	・全職員が学ぶ必要のある課題 ・課題研修のコースごとの報告会 ・市町村の新しい公民館政策　など

公民館における新入職員研修は、最低でも二日か三日くらいの日程をかけて実施される必要があるのではないでしょうか。私が浦和市に就職したときは、三日間の日程で新入職員研修が行われていました。講師は、社会教育課の職員、社会教育主事、先輩公民館職員のみなさんでした。四月一日に公民館に配属された直後の研修でしたので、仕事については何もわからない状態で研修を受けました。しかし、浦和市における公民館活動の現状、職員のあり方、学級・講座の準備と運営、公民館だよりの作り方、などのテーマで研修が行われ、たくさんのことを学ぶことができました。研修を受けることによって自分なりに公民館職員としての心構えをもつことができたように思います。

新入職員研修では、社会教育や公民館の職場で日常的に使われる用語についての研修も行われました。たとえば、「文団連」は文化団体連合会、「P連」はPTA連合会、「市子連」は浦和市子ども会連合会のことであるというように、社会教育の職場で日常的に使われている用語を学んで身につける研修です。研修が終了したあと、公民館で住民のみなさんから「文団連のことで……」という電話がかかってきても、すぐに対応ができるようになりました。まさに研修の成果ですね。

資料11にある②の基礎研修で、日本国憲法、地方自治法、地方公務員法に関する研修は、もっともおくれている分野だと思います。おくれているというよりほとんど取りくまれていないといっても過言ではありません。公民館職員にとって大切なことは、公民館職員としてのノウハウを身につけるまえに、地方自治とは何か、地方自治体で働く職員の役割とは何かということについて、しっかりした基本認識をもつことです。本来、そのことを前提に公民館職員のあり方が論じられなければなりません。しかし、多くの自治体では、公民館職員研修の場合はもちろんですが、一般職員の研修においても、日本国憲法や地方自治法や地方公務員法に関する研修がスッポリとぬけています。本来、自治体職員にとって、日本国憲法の理念や地方自治に関する研修は、重要視されなければならないテーマであるはずです。しかし、多くの自治体ではグループワークによる自己啓発の研修、民間企業の社員教育を担当している講師陣による成績主義や行政の効率化を推進していくための研修など、本来、必要視されなければならないテーマに逆行するような内容の研修が行われるようになってきています。

公民館職員研修は、研修を実施すればよいというものではありません。研修を受ける側にある職員が、自分たちにとって必要な研修計画を自分たちで議論しながら準備をしていくことが基本にされなければなりません。行政サイドが一方的に研修内容を考案し、行政が必要としている視点や内容で職員研修が計画されている市町村の場合は、研修を受ける側の公民館職員によって研修の内容や計画が構想されていくようにしていくことが大切です。研修を受ける職員の関心や要求に合致しない研修ほど無意味なものはないからです。意味のない研修は、実施すればするほど、職員のあいだに研修嫌いや研修無用論などの世論を広げていくことになりかねません。研修は、「参加してよかった」「また機会があったら参加してみたい」という思いや充実感がわきあがってくるものでなければなりません。自治体で働く公民館職員としての自覚と力量を身につけることにつながる研修のあり方が、もっと工夫されなければならないと思います。

5　三本の糸で錦を織る仕事

公民館の仕事は、住民の自己教育活動を支援すること、住民本位で働きがいのある自治体をつくること、国民の一人としての自己の生活と生き方を創造すること、という三本の糸で社会教育という錦を織りなす労働です。三本の糸のどれ一つが欠けても社会教育という錦を織りあげることはできないと思います。住民の学びの輪のなかに入って、自己教育活動の支援をする仕事は、必然的に人間が自分の力で自己を変革していく営みを目のまえにすることになります。ですから公民館の仕事は、学びのもつ力や学ぶことのすばらしさをストレートに実感することができる労働です。

地域における公民館実践が発展していくためには、住民主体の社会教育活動を奨励し、保障する自治体が存在していなければなりません。住民の生活課題・地域課題にかかわる学習を保障し、その活動を支援した職員が、すぐに他の職場へ不当配転されてしまうような自治体では、公民館実践の発展を展望することができなくなってしまいます。公民館職員は、公民館職員である以前に自治体職員です。そして、自治体職員であるまえに日本国の国民です。ですから、地域で住民の立場にたって公民館活動が展開できるかどうかは、職員が、日本の国民として、自治体職員として、現在をどう生きているかということと深いかかわりをもっています。

住民の主体形成につながる学習は、身近な生活課題・地域課題を基本にしながら自治体や社会の問題へと広がっていくものです。人間が自己を主体形成していく過程は、ドラマそのものです。ですから、そのドラマのまっただなかにいる住民と職員が学びの世界で向きあうときには、必ず職員自身の自己形成の過程と中味が問われることになります。一人の人間として平和で安全で安心して暮らすことができる社会づくりや地域づくり、住民が主人公になれる自治体づくりに、どのように向きあっている人間なのかということが、するどく問われることになります。私は、住民から公民館職員としてどうあるべきかということよりも、国民としてどう生き、どのようにみずからを自己形成しているかということを絶えず問われ続けてきたように思います。

私は、就職してまもなく、働く職員の生活と権利を守るため、浦和市職員組合に加入しました。そして、さまざまな運動に取りくんできました。住民から「五時から男」などといわれ、公民館の仕事から解放される五時過ぎから、さらに職員組合の活動で忙しくなるという日々が二十九年も続きました。平和や民主主義を守り、自治体をよくしていくための運動に参加することと、地域で住民の自由で自主的な活動を保障し、住民の主体形成につながる学びの支援を行っていくことは、なに一つ矛盾するものではありません。むしろ、地域の多様な学びの要求や活動に対応できる力量を、私は職員組合の運動のなかで身につけることができたと思います。公民館職員が自らの自覚と力量を高めるための自己形成は、国民として、自治体職員としての生き方をどう創りあげていくかという営みのなかに位置づけられなければならない課題です。

以前、職員研修会の講師を依頼されて鳥取県へ伺ったときのことです。講演が終了したあと、こんな感想を述べてくれた職員がいました。

片野さんの著書『社会教育における出会いと学び――地域に生きる公民館入門――』を読ませていただきました。片野さん自身の職員としての体験を中心にまとめられた本ですので、とてもわかりやすく、自分なりに同感できることがたくさんありました。ただ、本のなかで一つだけ違和感をおぼえた部分があります。それは公民館職員と職員組合の活動のところです。職員組合の活動に参加することは、いろいろなことにたいして偏った考え方をもつことにつながるのではないでしょうか。そこの部分だけが自分ではすっきりと納得することができませんでした。

質問ではなく感想としての発言でしたので、その場で時間をとってコメントすることはできませんでしたが、このような意見や考え方をもっている職員は、以外に多いのではないでしょうか。自治体職員のなかにも組合運動にたいする誤解が広がっていることを実感させられた発言でした。日本の場合、世の中全体に組合運動に参加する人は特別な人で、政治的に偏っている人が多いのではないか、というような風潮と偏見が存在しています。ですから、こうした感想も現状ではやむをえないのかもしれませんね。このような風潮に流されたり、偏見に負けてしまったりして、職場の問題や政治的な問題に関心をもたなくなってしまう人が多いのではないでしょうか。だから自治体をよくしていくための運動や社会的、政治的な課題を解決するための行動に参加する職員が少なくなってきているのだと思います。生活をめぐるほとんどの問題が、国および自治体の政策や政治の動向と深くかかわっているのに残念なことです。

職員組合の活動は、政治的に偏った考え方を身につけるために存在しているわけではありません。

職員組合は、みんなで力をあわせて自治体職員の生活と権利を守り、よりよい職場や自治体をつくっていくための運動を行っていくことを主たる目的にしています。同時に自治体職員だけでなく、多くの国民・住民と連帯しながら、平和や人権を守り、生活、教育、文化、福祉、医療など、生活と暮らしを豊かにしていくさまざまな運動に取りくんでいます。一人では実現することができない政治的、社会的、国民的、人類的問題をみんなで力をあわせながら解決していくための運動にも取りくんでいます。

私にとって職員組合は、さまざまな政治的、社会的、国民的、人類的問題にたいして自己決定できる主体を形成するために学びあい、行動しあう場として存在していました。職員組合の活動をとおして、国民として、自治体職員として、さまざまな問題にたいして自己決定できる自己を形成していくことは、政治的に偏った考え方を身につけることではありません。一人の人間として、自己の存在とあり方を自覚するということなのです。

社会や職場の問題に関心がないので職員組合に加入しないという人もいます。出世にさしさわるからと、途中で職員組合をやめてしまう人もいます。また、選挙の時に特定の政党や候補者を支持することを強制されそうなので加入しないという人もいます。

職員組合は政党ではありません。しかし、現在も選挙になると特定の政党や候補者を支持決定し、その決定を組合員に強制している職員組合が存在しています。私は、職員組合が特定の政党や候補者を支持したり推薦したりすることはまちがいだと思います。職員組合は政党と異なり、個人的にはさまざまな政党や候補者を支持している人たちが、自治体職員としての共通した要求を実現するために加入している団体だからです。ですから、組合に加入している職員の思想・信条の自由は、完全に保障される必要があります。

私が加入した頃の浦和市職員組合も、選挙になると特定の政党と候補者の支持・推薦を決定し、組合員にそのことを強制していました。しかし、組合の定期大会などで議論を重ねることによって、特定の政党や候補者を支持・推薦することをやめ、選挙時における組合員の思想・信条の自由を保障する組合に生まれ変わりました。このように職員組合の活動と政党の活動は、別のものとして位置づけられなければならないと思います。職員組合と政党や候補者が、お互いに一致する要求を実現するために、いっしょに行動することは当然のことです。しかし、選挙時にどの政党、どの候補者を支持するかは、職員組合が組織として決定することではなく、職員個人が自分の意志で決定すべきことです。

職員組合の運動は、社会的に必要な活動であるとされ、国の法律できちんと保障されています。にもかかわらず、さきの鳥取県の職員の感想にみられるように、自治体職場においても職員組合にたいする誤解が根強く存在しています。このような誤解から生まれる偏見が、政治的、社会的、国民的、人類的課題に関心をもとうとしない、あるいは関心をもっていても主体的にかかわろうとしない日本国民の精神的風土を形成しているのではないでしょうか。自治体職員として一刻も早く克服したい課題ですね。

住民の自己教育活動を支援すること、住民本位で働きがいのある自治体をつくること、国民の一人として自己の生活と生き方を創造すること、という三本の糸を選んで錦を織ることができるのは、公民館職員であるみなさん自身です。すばらしい織物を織れるかどうかは、織り手であるみなさん自身の気持ちの持ち方、考え方、努力の仕方にかかっています。公民館職員の仕事は、一本一本の糸を選んで丹念に組みあわせ、一枚の錦をていねいにしっかりと織り込んでいく気が遠くなるような労働です。しかし、一枚の錦を織ることが、こんなに楽しく、こんなに意味のあることだったのかということが必ず実感できる労働です。生きることと創造することを仕事と生活のなかに貫き通すことなしに語ることができない労働なのです。

二　公民館長の仕事と役割

公民館長は、公民館という社会教育機関の責任者です。私も九年間、館長として仕事をした経験があります。館長も人間ですから、すべての住民や職員から百点満点の評価をえることは不可能です。しかし、努力することによって、まわりの人たちから一定の信頼と評価を獲得することは可能です。住民と職員の期待に応えられる館長になるには、どのような役割を果たしていくことが必要なのでしょうか。

社会教育法第二十七条では、館長の役割を、「館長は、公民館の行う各種の事業の企画実施その他必要な事務を行い、所属職員を監督する」と規定しています。社会教育法の規定を基本にしながら、あらためて館長のあり方について考えてみたいと思います。

ここでは、行政の施設責任者としての施設建設・施設管理・施設提供などに関する業務、予算・決算などに関する業務、事業計画・事業決済・事業評価などに関する業務、職員の休暇・出張・超勤・評価など職員管理に関する業務のような日常の一般的業務にはふれず、社会教育機関としての公民館における存在としての館長――公民館に館長が存在していることの意味――という観点から、その役割について考えてみたいと思います。当然のことですが、館長の仕事は他の公民館職員と共通する部分がたくさんあります。しかし、同時に館長として果たさなければならない固有の役割をもっています。

1　権利としての学びを保障する

公民館は、住民の学ぶ権利を保障するために設置されている社会教育機関です。館長は、公民館を日本国憲法、教育基本法、社会教育法に規定されている住民の学ぶ権利を保障する機関として認識していなければなりません。公民館が住民の学ぶ権利を保障する機関として存在するためには、館長が、公民館を行政から独立した社会教育機関として認識し、住民の自由で自主的な活動の発展を保障するという姿勢を絶えず保持していることが必要です。

たとえば、館長が、「公民館は市町村が設置している施設なのだから、公民館で市町村行政を批判するような学びや活動はしないでほしい」「職員の注意を聴かない人たちや団体は、なるべく利用しないでもらいたい」「公民館は公的な場所だから、学びの内容はもちろん、学びに使用するテキストや講師の名前は事前に館長に届けるようにしてほしい」などの考え方で公民館運営を行うと、住民の学ぶ権利を保障することができなくなってしまいます。館長が、そのような意識で仕事をすると、いっしょに働いている職員も住民に「市町村の施設である公民館を貸してあげる」というような発想で公民館をとらえる危険性があります。住民を監視、管理するような発想で公民館の運営が行われてはなりません。そのような意識で運営が行われると日常的に住民とのあいだで摩擦を生むことになり、本来の公民館とはかけはなれた存在になってしまいます。

公民館は、住民の学ぶ権利を保障するために、住民の税金で市町村が設置している住民のためのスペースです。市町村や職員のために用意されているスペースではありません。ですから、室を住民に「貸してあげる」という意識をもったり、職員が勝手にきまりを作って、住民に「押しつけたり」「守らせる」などということが行われてはならないのです。住民の学びや活動の内容にたいしても、館長が自分本位の勝手な判断で不当な干渉をしたり、統制をしたりしてはいけないということです。社会教育法第十二条の「国及び地方公共団体は、社会教育関係団体に対し、いかなる方法によっても、不当に統制的支配を及ぼし、又はその事業に干渉を加えてはならない」という規定を順守する立場でなければなりません。

住民の学ぶ権利を保障するための社会教育機関として公民館を運営していくためには、館長が公民館は住民のために設置されている住民のためのスペースであるという基本認識をもって住民と向きあい、職員にもそうした立場から指導を行なっていく必要があります。そして、公民館で行われている住民の自由で自主的な活動は、どのような内容のものであっても全面的に保障するという姿勢で運営にあたらなければなりません。自分の意思にそぐわない価値観の学びや活動を批判的にみつめるなどという初歩的なあやまちは、館長自身の努力によって一刻も早く克服されなければならないと思います。

公民館が、権利としての学びを保障する場として機能している状態は、子どもから高齢者までのすべての利用者にとって居心地がよく、自由で楽しい学びの空間として認識されているということなのです。

2　公民館を公平・平等に運営する

公民館を公平・平等に運営することも館長の大切な役割です。合併によってさいたま市が誕生した直後に、利用団体からさいたま市内のいくつかの公民館をなざしで「利用したあと髪の毛が落ちていて室がよごれていると注意された」「子どもが障子に穴をあけるから幼児をつれてくる母親は和室を使用しないでほしいといわれた」「体育室でお菓子や牛乳などの飲食をしないようにと注意されて困っている」……などの苦情が文書で教育委員会に寄せられたことがあります。生涯学習総合センター（注・中央公民館として位置づけられている）の職員が、指摘された公民館へ出向いて調査をした結果、住民が訴えていることは、すべて事実であることが判明しました。もちろん該当する公民館の職員にたいする指導によって、そうした事態はすぐに改善されましたが信じられないことですよね。

利用後の室に髪の毛が落ちていないことなどありえないでしょうね。目ざわりになるほど多量に落ちているとことも普通はありえないと思います。幼児が障子に穴をあけることは、どこでも日常的にくりかえされていることです。障子に穴をあけるのは幼児の仕事のようなものですからね（笑）。もし、髪の毛の量がめだつようなら、利用者のみなさんに清掃してもらえば問題は解決します。幼児が障子に穴をあけたら、母親に障子紙で穴をふさいでもらえばよいのではないでしょうか。館内の飲食についてもそうですよね。職員も事務室で食事をしたり、お菓子を食べたり、牛乳やお茶を飲んでいるではありませんか。なのに、なぜこのような根拠のない利用者いじめが行われるのでしょう。こうした公民館運営が行われる背景には、館長自身の公民館や住民の活動にたいするあやまった認識や公平・平等感覚を失った考え方が存在していると思います。

公民館を公平・平等に運営するコツは、利用者の活動に余計な制限を加えたり、利用者を管理・監督しないことです。公民館を自由な活動ができるスペースとして住民に開放する努力をするということにほかなりません。住民の活動に意味のない制限を加えたり、必要のない管理・監督をするから問題が生じるのです。公民館は、自由に開放すればするほど苦情も減り、問題も少なくなるところです。また、問題が生じたときは、館長や職員が一方的に結論をくだすのではなく、できるだけ住民と相談しながら、一つひとつの問題を解決していくことが大切です。問題が起きたら、その都度、住民のみなさんと相談することを心がけたいものです。

私は、公民館で問題が生じたら住民のみなさんに解決してもらうことを基本に日常の公民館運営を行ってきました。困った問題が起きたら問題をそのまま住民に返して、みなさんに考えてもらえばよいわけです。公民館を公平・平等に運営するためには、施設を住民に開放すること、問題をオープンにして住民といっしょに解決策を考えること、館長が心を開いて住民と向きあうことが大切です。

さいたま市内のある公民館で、住民から掲示依頼のあったポスターをロビーに掲示するかどうかをめぐって問題が起きたことがあります。当事者の館長から相談を受けたときの会話です。


「片野さん、すみません。お忙しいのに時間をとっていただいて……」

「いいえ。ところで何の相談でしょうか?」

「先日、住民から公民館のロビーにポスターを貼ってほしいという依頼があったのですが、私の判断で断りました。そしたらその人が腹を立てて教育委員会に訴えたのです。それからいろいろなことがあって……。どうしていいか悩んでいます」

「どういうポスターですか?」

「その人が所属している合唱団の定期コンサートのポスターです」

「政党とか宗教団体とか営利団体に関係する合唱団ですか?」

「いいえ、まったくちがいます」

「じゃ、どうして断ったのですか?」

「その合唱団は、うちの公民館を利用している団体ではないんですよ。それに料金がA席五千円なので少し高すぎると思います。営利活動につながる恐れがあると思ったものですから……」

「あなたの公民館にも県や市を通じておろされてくるさまざまな団体のポスターが貼ってあると思いますが、大きな交響楽団や劇団などのポスターには、A席が八千円とか六千円とか表示してあるものもたくさんありますよね。あなたの考え方だと、ああいうポスターも営利に関係しているということになるのではありませんか？」

「いいえ、ああいったものはちがいますよ。ポスターの共催のところに県や市や教育委員会の名前が印刷してありますから。そして、そもそも県や市からの依頼で届いているものですから……。だけど今回のポスターは、行政サイドから依頼があったものでもないし、行政に関係のない団体のものです。それにうちの公民館を利用している団体でもないし……」

「公民館に掲示するポスターは、行政に関係する団体や利用団体のポスターでないと掲示できないと思っているのですか？」

「そうです。だって、公民館は行政が公のものとして設置した施設ですから、誰でもかまわないというわけにはいかないと思います。自由にしたら、きりがないと思います」

「それじゃ、あなたの公民館を利用している人たちは、行政から紹介のあったグループ・サークルや行政に関係する団体に所属している人たちだけなのですか？」

「いや、利用している人たちはいろいろです。さまざまな人や団体がたくさん利用しています」

「室のスペースを利用する人は、行政に関係があってもなくても、初めての人であっても利用を許可しているわけでしょう？」

「もちろんそうです」

「なのにロビーのスペースだけは、行政に関係した団体のポスターや利用団体のものでなければ掲示できないとしているのはどうしてなのですか？」

「……」

「住民が納得できないのは、その点なのではないでしょうか？　私もポスターの掲示を依頼する住民の立場になって考えると納得できないと思いますよ。そのような対応は住民を差別することになるのではないでしょうか。公民館はすべての住民に公平・平等に提供されなければならない施設です。室もロビーもそうです。そうした観点から考えると今回の対応には問題があると思いますよ」

「……」

「法律や市の条例・規則に定められていないことを館長が勝手に判断して公民館運営を行うべきではないと思います。法律や条例・規則に規定されていないことは、基本的にオープンにして運営をはかるべきです」

「……」

私は、住民から依頼のあったポスターは、すべてロビーに掲示し、チラシもカウンターに置いていること、ロビーを自由に開放することによって、問題が発生したことは一度もなかったことなど自分の体験を語りました。相談にみえた館長は、話しあうことによって公民館の役割を自覚し、館長としての自らの対応を省みることになりました。

公民館を公平・平等に運営していくことは、そんなに難しいことではありません。住民を管理・監督しないこと、利用者の活動に意味のない制限を加えないこと、そうしたことに配慮しながら運営をすることによって簡単に達成できることなのです。

3　職員の自己形成を励まし援助する

公民館で働くすべての職員は、仕事をしながら絶えず自己形成をなしとげなければならない存在です。そうしなければ住民の立場に立って学びの支援ができなくなってしまうからです。なかには自己を形成することの必要性をまったく認識していない職員もいます。そうした職員に自己形成の大切さを自覚してもらうことも館長の仕事です。また、自分で自己形成のきっかけをつくれない職員もいます。そのような職員に自己形成のきっかけを用意してあげることも館長の大切な役割です。館長がそうした役割を果たすことによって、職員の仕事にたいする自覚と力量が高まっていくことになります。

では、どうしたら職員に自己形成の大切さを認識してもらうことができるのでしょうか。どうしたら職員に自己形成の機会をつくってあげることができるのでしょうか。このことを実現していくためには、館長が自分の仕事にたいする姿勢を確立していなければなりません。公民館における自分の役割をきちんと認識し、館長としての責任感と自覚にもとづいて自分の仕事と真剣に向きあっていることが必要です。自分の仕事と真摯に向きあっている館長の姿勢が、職員に自己形成の機会を提供し、職員が自己を形成することの大切さを認識するきっかけになるからです。

私は、退職直前に二年間だけ勤務した岸町公民館で、つぎのような体験をしたことがあります。あと一年で退職を迎えるという年の四月に、一人の新採用の職員を職場に迎えることになりました。Ｋさんという二十代の女性職員です。Ｋさんは、配属された公民館の仕事に前向きな姿勢で取りくみたいという強い意志をもった職員でした。新入職員であるにもかかわらず、地域や住民のなかにとけこんで、就職一年目とは思えない仕事ぶりを発揮しました。

いっしょに仕事をして七ヶ月目に入ったときのことです。Kさんから職場で一通の手紙をいただきました。私は、その手紙を読んでびっくりしました。長いあいだ公民館の仕事に一生懸命取りくんできて本当によかったと思いました。手紙には、このように書いてありました。

いつもお世話になっております。

四月にこの公民館へ配属されて七ヶ月がたちます。月日が過ぎるのは早いものです。そして、この間に片野館長からたくさんのことを学びました。私は、片野館長に五つのありがとうを言いたいのです。

一つ目は、目標を持つことの大切さを教えてくださり、ありがとうございます。

二つ目は、仕事を楽しむことを教えてくださり、ありがとうございます。

三つ目は、日々、勉強・研究する必要さを教えてくださり、ありがとうございます。

四つ目は、継続することの大切さを教えてくださり、ありがとうございます。

五つ目は、素晴らしい職場の雰囲気で働かせていただき、ありがとうございます。

片野館長が住民の人たちと接する姿勢や問題点に対処する仕事のやり方をみて、自分に責任をもち、自分の仕事に責任をもち、人まかせにせず、積極的に問題点にも取りくむことが必要なのだと学びました。ありがとうございます。来年三月まで、より多くのことを学び、勉強させていただきますのでよろしくお願いします。

Ｋさんが手紙に書いていることは、とても大切なことだと思います。館長の役割とあり方を考えるうえでの基本的な視点をたくさん提起してくれています。社会教育や公民館活動のあり方についても、改めていろいろな角度から考えさせられました。この手紙をいただくまで、Ｋさんが手紙に書いてあるようなことを感じたり、発見したりしているとは思ってもいませんでした。このようなことについてＫさんと話しあったこともなかったからです。いっしょに仕事をしているだけで、このようなことを感じとってもらえることは、とても幸せなことだと思いました。館長としての自覚を高めさせてもらった手紙です。館長は、絶えず職員から注視されている存在なのだということを再認識することもできました。しっかり仕事をしなければならないと思いました。

もう一人の若い女性職員のＵさんからは、退職の日に職場で手紙をいただきました。Ｕさんとは、二年間いっしょに仕事をしました。Ｕさんは、過去に中央公民館で三年間事業係を担当した経験をもつ職員です。私と仕事をしたときは事業担当ではなく、施設管理や予算を担当する庶務係の仕事をしていました。三月末のことでしたのでＵさんは、すでに内示を受けていて、四月から首長部局へ異動することが決定していました。そのＵさんから退職する日の三月三十一日に、「退職おめでとうございます」と職場で白い封筒を手わたされました。封筒には、プレゼントのハンカチと手紙が入っていました。そのときのＵさんからの手紙です。

二年間お世話になりました。本当にどうもありがとうございます。

この公民館では庶務係でしたので講座を企画することはなかったのですが、片野館長のお話をいろいろとお聴きしていて、本当の学びとは何かということについて考えさせられました。中央公民館の時は「大学レベルの内容を企画する」ということを中心に考えていたので受講生はお客様でした。でも片野館長が話してくださった「受講者のための講座」（自分たちで内容を考え受講生がつくる講座）こそが本当に必要なことなんだと思いました。なのに、気がついたときには本庁へ移らないといけないようになってしまっていて残念です。ですが、公民館の講座だけでなく市役所の仕事も同様に市民が考えて、つくっていけることがいっぱいあるのではないかと思います。まだまだ私も市役所の仕事を語るほど経験も実力もありませんが、館長が教えてくださったように自分なりの目標をもって、これから仕事をしていきたいと思います。

本当に片野館長には、仕事のことやいろいろな物の考え方や多くのことを教えていただきました。すべてを理解できてはいないけれど、自分なりの解釈で頑張ります。いつか館長にお会いしたときに「私もこんなことができました」と報告できるようになりたいと思います。仕事をはじめて十年、こんなに真剣に自分の仕事を考えるきっかけを与えてくださった館長に感謝しています。本当にありがとうございました。

本当は、まだまだ公民館で学ぶことも多いのに本庁へ異動してしまいますが、公民館で仕事をした五年間は、私にとってとてもよいことで必要なことだったと思います。これからいかしていければ嬉しいです。

Ｕさんは、本当の学びとは何か、市民がつくる講座の大切さ、目標を持って仕事をすることの大事さを語っています。また、物の見方、考え方の大切さについてもふれています。一番嬉しかったのは、「いつか館長にお会いしたときに、私もこんなことができましたと報告できるようになりたい」と語っていることです。仕事をはじめて十年になるけれど、真剣に自分の仕事のことを考えるきっかけをえることができたということもすばらしい発見だと思いました。

現役最後の年に若い二人の職員からこのような手紙をいただくことができて感無量でした。こんなすてきな仲間たちといっしょに仕事をすることができたことを誇りに思います。二人の手紙の内容で明らかなように、Ｋさんも、Ｕさんも、公民館の仕事をしながら自己を形成しています。新しい自分と出会い、自分の課題を発見し、自分の力で自らを自己成長させる努力をしています。このようにいっしょに仕事をしている職員の自己形成のきっかけをつくること、一人ひとりの自己形成をあたたかく見守りながら必要な援助をしていくこと、そのことは館長の大切な仕事であり役割だと思います。

４　職場のチームワークづくりの中核をになう

どのような職員体制の公民館であっても、職員が一丸となって仕事に取りくむチームワークができていると、仕事も計画通りに進行し、和気あいあいとした雰囲気が職場に広がります。お互いに協力しあうことが普通のことになり、仕事の達成感も、その喜びも倍増することになります。忙しくて疲れているときも、疲れが半減する気分になったりします。ところが職場の状態がその逆の場合は大変ですね。

職員が楽しく一丸となって仕事にうちこめるチームワークをつくるのは館長の役割です。館長が職場のチームワークづくりの中核をになう役割を果たしている場合は、勤務時間中も館長と職員との会話が間断なくかわされるようになります。いっしょに働いている職員からさまざまな話題で声をかけられることが多くなるからです。

職場におけるチームワークづくりの方法はたくさんあると思いますが、私は、とくにつぎのことに力を注いできました。

第一は、職員といっしょに昼食を食べるということです。外へ食べにでかけるときも、館内で食べるときも、職員といっしょに食べるように心がけてきました。みなさんのなかに職員から「いっしょに昼食を食べに行こう」と声をかけられたことがないという館長はいますか？ もし、いましたら館長としてはかなり重症ですね（笑）。逆に、職員から声をかけられても、職員といっしょに食事に行こうと思わないという館長はいますか？ いましたら、そちらのほうは、もっと重症だと思います（笑）。

館長は、職員といっしょに食事を楽しむことができなければならない存在です。私は、館長になってから一人で昼食を食べにでかけたことは、ほとんどありません。館内で食べるときも、いつも職員といっしょでした。もちろん、仕事の関係で一人で食事をしなければならないときもあります。でも、そうした特別なとき以外は、いつも職員といっしょに食事をしてきました。館長だからという意識で無理にいっしょに食事をしていたわけではありません。ごく普通に職員からも誘われるし、私からも誘っていっしょに食べるようにしていました。退職のときに勤務していた岸町公民館では、昼当番の人を残して、常時五、六人で昼食を食べにでかけていました。食事をしながら、社会の話、仕事の話、趣味の話、家族の話などができるので、お互いの信頼関係が深まっていくことになります。

就職してまもないころ、館長の職にある人たちが一人で昼食にでかける姿をよく見かけました。同じ職場の人たちといっしょに食べたほうが楽しいのに、館長になると、どうして一人で食べに行くのだろう?……と不思議に思ったことがあります。もちろん、食事の時くらい一人で静かに過ごしたいという人もいます。ですから一人で食事にでかけることがいけないというのではありません。館長は、いつも職員から気軽に食事を誘われる存在でなければならないし、職員を気軽に食事に誘える存在でなければならないと思います。

第二は、職員どうしで仕事を語る機会をたくさんつくるように努力してきました。それぞれが自分の担当する仕事に責任をもつことは当然のことですが、お互いが担当している仕事の悩みや仕事の進行状況などについて、みんなで語りあう機会を大切にしてきました。このことは職場のチームワークづくりを進めていくうえで必要不可欠のことだと思います。とくに、新しく公民館に配属された職員は、慣れるまで、仕事にたいする不安や心配ごとをかかえています。そうした不安や心配ごとが一刻も早く解消されるように援助することも館長の仕事です。個別に対応しながら個々の問題を解消していくことも必要ですが、個人のかかえている課題をみんなで共有しあう機会をつくることも大切です。館長は、職員会議を開くなど、職員どうしで仕事を語る機会をできるだけたくさんつくりだす努力をしなければならないと思います。

第三は、職員とお互いの悩みを語りあえる雰囲気をつくるように心がけてきました。職員となんでも語りあいたい思っていても、お互いの信頼関係ができていなければ、館長に悩みをうちあける職員はいないと思います。職員との信頼関係を構築していくためには、館長のほうから職員に話しかける努力をしなければなりません。館長が、職員に困っていることを相談してほしいと思っていても、誰も相談をもちかけてこないのは、館長自身の努力が不足しているからだと思います。まだ、悩みを話したいと思う条件や環境が整っていないからなのではないでしょうか。館長に悩みをうちあける人が増えてくると、職場のチームワークづくりが自然とはかられていくようになると思います。

第四は、公民館で生起する問題の責任は、館長がすべて負うという原則をはっきりさせるように努めてきました。館長は、常にそうした自覚をもっていなければならないと思います。どんな場合であっても、仕事の失敗を職員のせいにしてはならないと思います。仕事の失敗は、失敗した個人の責任であるという考え方で職員に接すると、職員が余裕をもって仕事に取りくむことができなくなってしまいます。職員には、仕事で失敗したときの責任はすべて館長が負うから、失敗を恐れずに仕事に全力を注いでほしいということをきちんと伝えておくことが大切です。

5　公民館活動の展望を明らかにする

館長は、公民館をめぐる状況や問題点を大局的な立場に立って把握していなければなりません。職員や住民より広く深く公民館をとりまく状況や問題点をとらえていることが必要だと思います。公民館活動の展望をさししめす役割をになう存在でなければならないからです。職員が問題解決の方策で迷っているときは、その解決方向を提案できる力量をもっていなければなりません。その場合、一つの解決方向や展望を示すだけでなく、複数の解決方向や展望を提示することが大切です。職員が選択肢をさがしながら他者と議論できる状況をつくることが必要だからです。住民と生活課題・地域課題を解決するための方策を検討する場合も同様です。館長は、職員や住民をリードしながら公民館活動の展望を語ることができる力量を身につけていなければならないと思います。

私は、そうした力量を身につけるために力を注いできたことが四つあります。

第一は、地域に存在する団体・機関と公民館との交流・連携がさかんになるように努力をしてきました。地域には、自治会、商店会、青少年育成会、ＰＴＡ、子ども会、幼稚園、保育園、小中学校、高校、大学、老人クラブ、社会福祉協議会、民生委員協議会、ＮＰＯ、青年会議所、商工会議所、青年団、農業協同組合、漁業協同組合、林業協同組合、民間のカルチャーセンターなど、社会教育に関係する多くの団体や機関が存在しています。このような団体や機関と公民館との連携を豊かなものにしながら地域づくりの活動を推進していく体制をつくることは、館長の大切な仕事です。そうした努力を積み重ねることによって、館長自身が地域における団体・機関の動向を把握することができるようになります。そのことによって公民館が果たさなければならない独自の課題を自覚することにもなるのです。

第二は、必要に応じて行政の他部局の職員や地域の関連施設・機関・団体で働く職員・スタッフとの協力関係を強化していくための努力を行ってきました。一般部局の職員はもちろんですが、地域の各種施設・団体・機関などで働く職員・スタッフと連携・協力の関係をつくりあげていくことは重視されなければならない課題です。とくに、地域づくりに直接かかわる仕事や活動に従事しているみなさんと連携・協力の関係を構築する仕事は、館長の大切な役割として自覚されなければなりません。

第三は、公民館の仕事に関係する本を購入して学習するように心がけてきました。幸いなことに最近は、公民館に関する本がたくさん出版されるようになりました。『月刊社会教育』（国土社）など、月刊誌も数種類刊行されています。購読しようと思ったら簡単に入手して読むことができます。公費で購入した本を読むだけでなく、自分のお金で仕事に役立つ本を買うことが大切です。どんな本を買ってよいかわからないときは、社会教育・公民館に関する本、社会問題に関する本、家庭教育・子育てに関する本、学校教育に関する本、文化・芸術に関する本、スポーツ・レクリエーションに関する本などのなかから、とりあえず自分が関心をもっている分野の本を買って読んでいただきたいと思います。仕事に関係する分野の本を読むことによって、仕事にたいする多くの示唆や知恵を手にいれることができるからです。

第四は、公民館活動に必要だと思う新聞の記事を切りぬいて仕事にいかしてきました。政治、経済、教育、文化、スポーツ、レクリエーションなどの記事のなかから、これは仕事に役立つのではないかと思う記事を選んで切りぬいてみてください。自分が仕事に役立つと思った記事だけでよいのです。切りぬきをはじめると、平和、人権、貧困と格差、離婚・殺人など家族をめぐる問題、高齢者の孤独、児童虐待、雇用問題とリストラ、若者の就職難、子育て、学校と教師の問題、農業・漁業・林業の問題など、切りぬかなければならない記事がたくさんあることに気がつくと思います。そして、どうしてこのような事件や問題が発生するのかということについて考えさせられることになると思います。新聞を切りぬきながら記事の内容について疑問をいだいたり、憤りを覚えたり、驚きを感じたりすることになります。そのような思考をくりかえすことが、地域における公民館活動のあり方を考えるヒントになり、やがて新しい公民館活動を構想する力につながっていくのです。

大きな視点から社会の動向や地域の課題をとらえ、公民館の今後の展望を明らかにしていくことは、館長がになわなければならない仕事であり役割です。館長が、自分の人生体験や単なる思いつきなどを根拠に公民館や公民館の仕事を語るというレベルでは、職員や住民に公民館の展望を明らかにすることはできません。説得力のある新しい話題提供も問題提起もできないのではないでしょうか。館長は、いつも職員や住民が納得できる内容で公民館の展望を語ることができる存在であり続けなければならないと思います。

三　公民館主事の仕事と役割

公民館主事の仕事の内容についても、社会教育法で詳細にわたって規定されているわけではありません。社会教育法の第二十七条に「主事は、館長の命を受け、公民館の事業の実施にあたる」と規定されているだけにすぎません。

また、市町村レベルにおいても、公民館主事という職名を条例・規則で専門職として定めているところはごく少数しかありません。そうでない市町村が圧倒的多数となっています。公民館主事をめぐる状況が、このような状態ですので、公民館主事の仕事や役割が全国共通のものとして認識されたり、普遍化されたり、文章化されたりしているわけではありません。現実には市町村ごとに、あるいは個人によってさまざまなとらえ方が存在しています。

一方、公民館主事のあり方や専門性については、これまでいろいろな場で研究と議論が行われてきました。下伊那テーゼ「公民館主事の性格と役割」（一九六五年）、全国公民館連合会「公民館のあるべき姿と今日的指標」（一九六八年）、三多摩テーゼ「新しい公民館像を求めて」（一九七四年）など、いくつかの注目すべき提言や提案もなされてきましたが、まだ十分な成果をえるまでにはいたっていないと思います。公民館主事が果たさなければならない仕事と役割は多様であり、館長や他の職員の仕事と共通している部分もたくさんあります。

公民館主事の仕事と役割を考える場合の基本的な観点について私見を述べてみたいと思います。これから申しあげることは、公民館主事の専門性を深める議論を行っていくための問題提起ではありません。日常の仕事の内容を細かく点検するための話題提供でもありません。公民館主事が、その仕事と役割を果たしていくために必要と思われる観点についての提案です。公民館主事は、つぎのような観点を大切にしながら日常の仕事に取りくんでいかなければならないと思います。

1　仕事づくりと職場づくりと自治体づくりをになう自治体労働者

公民館で住民と向かいあって一生懸命仕事をしていれば、住民主体の実践が発展すると錯覚している公民館主事もいると思いますが、実践をささえる自治体の条件や体制が確立していなければ、住民主体の実践が発展することなどありえないと思います。住民主体の社会教育を保障し、推進する条件が不十分な自治体のもとでは、いくら地域と公民館にこだわって仕事をしても、公民館実践を発展させることは困難です。それなりの実践はできるかもしれませんが、一定の限界をもったものになることは明らかです。住民主体の公民館活動が地域で活発に展開され発展していくためには、行政のあり方（たとえば公民館の建設と拡充、職員採用・職員配置と身分保障、職員研修、住民参加の制度の有無、予算の状況など……）が、そうした活動の発展を保障するものになっていなければなりません。住民主体の公民館実践の発展は、自治体の政策や社会教育行政が住民本位のものに改革されていくことと密接にかかわっています。

奥田泰弘は、公民館職員の専門性について、つぎのように述べています。[24]

「公民館職員の専門性とは何か。それは、「公民館職員が教育活動を営む際に『不当な支配に服することなく』自らの責任で価値判断を下すことができる専門的力量とそれを保障する制度の総称である。」このような公民館職員の専門性を確立するためには次の二点が同時に満足させられていなければならない。その第一は公民館職員が、住民・市民・国民の教育要求に、彼らがよりよく生きるのに役立つ方向で応えることのできる専門的な力量を身につけていることである。第二は公民館職員のこのような専門的力量が自由にかつ充分に発揮できるような諸制度が確立していることである。

このように公民館主事が、専門的な力量を身につける努力を行いながら、公民館で住民主体の社会教育活動の支援に取りくむこと、同時に住民主体の公民館活動を保障する職場や諸制度を確立するための自治体改革に向けた運動を進めていくこと、このことは公民館主事が自治体職員として最低果たさなければならない責務だと思います。そうした観点から公民館主事が、それぞれの自治体の職員組合に加入し、組合運動の発展と強化のために努力をすることは、とても大切なことです。住民主体の「仕事づくり」と、働きがいのある「職場づくり」と、住民本位の「自治体づくり」を統一して考えることができる職員こそ、真に住民の立場に立って物事を考えることができる自治体労働者なのです。公民館主事は、自治体職員であるだけでなく自治体労働者としての自覚をもって仕事に従事することが大切です。そうした自覚をもつことによって、公民館主事としての仕事にたいするものの見方・考え方（社会教育観）を構築していくことができるようになるからです。[25]

自治体の職場は、一生懸命仕事をしている職員も、そうでない職員も、平等に賃金や労働条件が保障される職場です。ですから仕事に情熱をもっても、もたなくても、同じだという発想が生まれる危険性があります。仕事に積極的に取りくもうとしない職員は、住民主体の仕事を拡大すると自分の責任が重くなるし、仕事も増えることになり、上司との関係でも克服しなければならない課題が多くなるなどと考えるようになります。そうした心配から、仕事の内容を吟味しないまま、上司からいわれたことだけを忠実にこなしたり、前年と同じことをやっていればまちがいないという発想をもってしまうことになりがちです。そのような状態では、住民主体の「仕事づくり」や、働きやすい「職場づくり」や、住民本位の「自治体づくり」をになう自治体労働者になれないことは明白です。公民館主事は、どのような状況のもとにあっても、住民主体の公民館実践を発展させること、働きやすい職場づくりをすすめること、住民本位の自治体づくりをめざすことを統一して考えることができる存在でなければならないと思います。

2　地域づくりの主体を形成する学びと活動を支える支援者

地域をつくるということは、その地域に伝承されてきた生活と文化を継承することであり、現在、地域に存在している生活課題・地域課題を解決することであり、その地域でなければできない新しい生活と文化を創造し、発展させることとしてとらえることができます。公民館主事は、地域づくりに関係する学びや活動の意義をしっかりと認識していなければならないと思います。そして、地域をつくる主体を形成することにつながる住民の学びや活動を励まし、支援する姿勢を保持していなければなりません。

そのためには、まず地域で大切に伝承されてきているものは何かということをきちんと把握しながら、歴史的に形成されてきた地域の特性や性格をつかむことが必要です。同時に、いま地域で話題になり、課題となっている事柄についての情報をできるだけ広くたくさん収集することを心がけなければなりません。さらに、地域の生活と文化をめぐる新しい動きをしっかりと把握しておくことが重要です。そして、どのような学びや活動によって地域が発展するのかということについて、公民館主事としての構想をもつことが大切です。自分なりの構想をもちあわせていなければ、住民といっしょに地域の未来を思い描くことができなくなってしまうからです。地域で取りくまれている学びや活動の何をどのように組みあわせて発展させていくことが、地域づくりに結びつくのかということが見えなくなってしまいます。

住民の主体形成につながる学びや活動を支援する仕事は、三つの側面からその意義が認識されなければならないと思います。

一つ目は、住民の生活実態や学びの要求にしっかりと寄り添うということです。

二つ目は、住民と生活課題・地域課題の解決につながる学びを共有しあいながら、相互の協同によって、お互いの課題意識を深め、高めあうということです。職員は、学びを支援するという仕事が内包しているこの二つの側面を統一してとらえることができなければなりません。そのことができるようになると、住民がいだいている生活課題・地域課題の解決につながる学びの要求をどのように発展させていくかという方向を住民の立場に立って思い描くことができるようになるからです。

領家公民館で勤務をしていたとき、私が担当していた「幼児をもつお母さんの教室」が終了したあとに、月曜日に例会を行う「月曜会」という若い母親のサークルが誕生したことがあります。教育問題を中心に学びあう学習サークルです。「教室の担当者なのだからあなたも例会に参加してほしい」という要望がありましたので、一年間ほど毎回の例会に参加しました。例会に参加して特別な役割を果たしていたわけではありません。ただ参加して話しあいに加わっているだけでした。しかし、そうした職員としての対応が、母親のみなさんに「私たちの学びの要求に寄り添っている職員」という感覚で受けとめられていたように思います。あれから三十年以上の歳月が流れました。サークルは発展的解消をしましたが、年に一回、当時のメンバーが集まって会食会を行っています。そんなときには必ず誘いの連絡が届きます。教室の開催から自主的なサークルが軌道にのる時期に、職員としてみなさんの要求に寄り添う努力をしながら、学びを共有しあい、自分も成長したいと願っていた私自身の姿勢や気持ちがみなさんに伝わっていたからではないかと思います。

三つ目は、職員自身が住民との学びあいを通じて、自分の力で自己変革できる人間として成長する営みであるということです。自己成長できる職員は、住民から自分たちと同じように自己を変革しながら成長していく人間として認識されることになります。公民館における仕事は、住民が自己を変革していく学びを支援する営みであり、同時に学びの支援をしながら、職員自身も自己成長していく営みとしてとらえることができます。住民と職員がともに成長しあう関係がここからスタートすることになるのです。

最近、公民館をコミュニティづくりの拠点として首長部局の傘下に位置づけたいという行政サイドの短絡的で一方的な理論によって、首長部局への移管問題が各地で問題になっています。こうした動向にみられる最大の問題点は、行政当局が、住民が主体となって考える地域づくりと行政サイドがとらえるコミュニティづくりの質を同一のものとしてとらえようとしていることです。

そもそも地域づくりは、行政の価値観にもとづいて政策として住民におろされるものではありません。行政が一定の問題提起をすることは必要だと思いますが、地域づくりは、そこに住んでいる住民が自分たちの価値観と問題意識にもとづいて学びあいながら創造していくものです。行政が公民館を活用しながら政策として強制的におろしていくべきものではなく、行政の役割は、提案や支援のレベルを超えてはならないと思います。コミュニティづくりの課題は、行政にとっても公民館にとっても、きわめて現代的な課題です。本来、両者が敵対するような問題ではありません。住民主体のコミュニティづくりをどう進めていくかということについて、住民と公民館と行政サイドによる話しあいが、もっとていねいに積み重ねられていく必要があるのではないでしょうか。どちらかが一方的に無理をして進めていく課題ではないと思います。

移管問題のもう一つの問題点は、公民館が首長部局へ移管されることによって、社会教育機関としての機能が大きく後退するということです。公民館主事は、公民館が、学びあい、交流しあい、連帯しあいながら、地域づくりの主体を形成する社会教育機関として設置されているものであるということをしっかりと認識しながら、首長部局移管問題に対応していかなければなりません。当局の理由がどのようなものであっても、首長部局への移管は、公民館の命である学ぶ権利の保障や住民主体の学びの機能を奪ってしまうこと以外のなにものでもありません。そして、公民館が行政から独立した社会教育機関としての独自性を失い、行政の出先機関である一般施設に変貌していく可能性が増大することを意味しています。

公民館の機能が発揮できる状態が保障される条件は、住民の学ぶ権利と住民主体の学びの発展を保障することを基本とする教育基本法、社会教育法に位置づけられ、市町村の教育委員会が所管する社会教育機関として存在していることです。このことが公民館の発展を支えるための最低条件です。従って、首長部局への安易な移管は、市町村が教育基本法と社会教育法を形骸化させていく行為そのものです。こうした市町村の動向は、法律で定められている公民館を市町村自体が消滅させることにつながりかねないことであり、国の法律に違反する行為であるといっても過言ではありません。公民館主事は、そのときどきの公民館をめぐる政策動向にしっかり向きあいながら、地域づくりにつながる主体を形成する学びや活動を支え、それらを教育的見地から支援する役割を果たしていかなければならないのです。

3　住民と学びの課題を共有し、いっしょに成長する学習者

公民館主事と住民は、学びの課題を共有しあい、いっしょに成長しあう関係でなければなりません。公民館主事が住民と課題を共有しあうことができるかどうかは、公民館主事自身が一人の人間として、世の中をどう生きているかということと深くかかわっています。公民館主事のもっている人生観や世界観が、住民の学習課題を理解し、課題を共有しあう力になるからです。

たとえば、未婚の若い男性の公民館主事が「幼児をもつおかあさんの講座」を担当することになったときのことを想定して考えてみましょう。その場合、公民館主事は結婚の体験も子育ての経験もな

いことになります。準備会で若い母親からだされる学びの要求は、すべて幼児をかかえて生きている母親自身の生活現実からしぼりだされてくるものです。ところが担当する公民館主事が、結婚の体験も子育ての経験もないわけです。そうすると「私は男性ですし、まだ結婚の体験も子育ての経験もありません。だから、みなさんのおっしゃっていることがよくわかりません。ですから講座のことは、みなさんにおまかせします。私には理解できない世界のことですので……」ということになりかねません。担当者として、それでよいのでしょうか。よいはずがありませんよね。これでは公民館主事は、その場にいなくてもよい存在になってしまいます。「幼児をもつおかあさんの講座」は、既婚者で、子育ての経験をもつ女性の職員以外は担当できないことになってしまいます。

ところが、担当する若い男性の公民館主事が、一人の人間として自分なりの人生観・世界観をもって人生を生きている場合はどうでしょうか。結婚や子育ての経験がなくても、人生を豊かに生きようとするみずからのまなざしによって、若い母親がかかえている子育ての課題を自分の問題として理解することができるようになるのではないでしょうか。一人の人間として、母親の課題を共有することができるようになるにちがいありません。

一般的に公民館主事が、講座の準備と運営の基本をクリアできるようになるには、講座に関する知識や技術を習得していること、学びの場における経験の蓄積をもっていることが必要です。しかし、知識と技術を身につけ、経験を蓄積したからといって、それだけで形式やテクニック重視のレベルを超えた講座の取りくみができるかというとそうではありません。公民館主事が、形式やテクニック重視のレベルを超えた次元に立って、講座の準備と運営にあたることができるかどうかは、知識や技術や経験の蓄積だけの問題ではありません。世の中をどう生きているかという個々の公民館主事の人間としての生き方に深くかかわる問題なのです。

住民が、講座を担当する公民館主事に求めていることは、単なる優しさや親切さだけではありません。ともに学びあいながら人生を生きようとする仲間としての人間なのです。どのような講座の場合でも参加者は、自分と同じように学びながら自己成長しようとする意欲や自覚をもちあわせている公民館主事の存在を求めています。そうした住民の期待に応えることができるようになることが、真に講座に参加する人たちの学びを支え、支援することができる公民館主事になることなのです。住民といっしょに成長しあう学習者としての存在を自覚することによって、初めて住民と安心してお互いの要求や課題を共有しあうことができるようになるからです。

このように講座の参加者と公民館主事が、ともに生きる人間としてお互いを認識しあうことをベースにしながら、講座の準備が進められ、運営の工夫が行われていくことが大切です。公民館主事が、参加者や講師と講座で取りあげる課題を共有しながら、講座の準備と運営にあたる労働は、世の中をどのように生きているかということをみずからに問いただしていく営みにほかなりません。公民館主事自身の生きる姿勢が、そのまま問われる労働なのです。公民館主事は、住民とお互いの課題を共有しあい、学びあいながら、いっしょに成長しあう学習者でなければならないと思います。

4　学習・文化活動の評価ができる実践者

公民館主事が、地域における学習・文化活動の評価ができるようになることは、とても大切です。学習・文化活動の評価ができないと、公民館で取りくむ事業の構想や支援すべき活動について見通しがもてなくなります。公民館主事としての役割を果たすことができなくなってしまいます。

地域に存在する多様な学習・文化活動は、その活動に参加している個々の住民にとって、なくてはならないものであり、どのような種類の活動であっても、その価値は否定されるべきものではありません。公民館主事は、公民館が公民館としての役割を果たすために必要な学習・文化活動とは何かということについて、しっかりした考え方を身につけていなければならないと思います。公民館として大切にしなければならない学習・文化活動についての認識がなければ、どのような内容で学級・講座などの主催事業を企画したらよいのか、どのような学習・文化活動を支援すべきなのかという観点が定まらないことになります。公民館主事が、そのような状態にあると、公民館が公民館らしい役割を果たすことができなくなってしまいます。学習・文化活動の評価ができるようになると、事業で取りあげる課題や地域で取りくまれている学習・文化活動のそれぞれの意味を公民館活動の観点からとらえなおすことができるようになると思います。

もちろん、公民館主事としてなにも考えずに公民館の仕事に従事することも可能です。しかし、その場合は一つひとつの学習・文化活動の評価ができないわけですから、公民館主事として、どのような活動を支援していくべきかという基本的な考え方をもちあわせていないことになります。そのような状態では、公民館主事の仕事に従事しているつもりであっても、結果的には公民館主事としての仕事がほとんどできていないことになってしまいます。

学習・文化活動の評価ができる力を身につけるには、学びの営みに対する深い理解と洞察力と実践の経験が必要です。そうした力量を身につけるための充実した職員研修が、自治体ごとに開催されなければならないことはいうまでもありません。しかし、公的な研修の場に参加するだけでは不十分だと思います。個人レベルにおける学習が必要です。さらに個人の学習だけでなく、多様な学習・文化活動に直接かかわる機会をもつことも必要です。また、公民館主事会など、職場集団で学びあう機会をつくることも大切にしなければなりません。公民館主事は、自分から学び、実践しながら、地域における学習・文化活動の評価ができる力量をみがく実践者でなければならないからです。

5　地域に必要な情報と資料を収集し提供する情報提供者

地域に関係する情報や資料を収集し提供する仕事は、公民館主事の大切な役割の一つです。しかし、このことは公民館主事が果たさなければならない役割のなかで、もっとも遅れている分野だと思います。私自身の仕事を振り返ってみても、取りくみがほとんどできなかった分野です。私の場合、情報・資料の収集と提供の仕事に力を注がなければならないと思っていたのですが、公民館のなかに収集した情報や資料を収納したり、開示・展示したりするスペースが確保できなかったこと、どこからなにを収集し、どのように整理し、提供すべきかという方策について、職員どうしで話しあう時間がもてなかったことが、情報・資料の収集と提供に関する取りくみが十分にできなかった理由です。

公民館へ行けば地域に関係する基本的な情報や資料がほとんどそろっているという状況がつくりあげられなければならないと思います。職員だけで無理な場合は、ボランティアを募集するなど、住民の協力をえながら情報・資料の収集と提供に関する取りくみを開始する必要があります。住民に地域の情報・資料の収集や提供のあり方に関心をもっていただくための講座を開催することも検討されなければならない課題です。公民館に収集されている資料をいかしながら、その地域ならではの特色ある学級・講座が開催されていくことも大切です。

公民館には、つぎのような情報や資料が日常的に収集、整理されていなければならないのではないでしょうか。

①　地域の実態や動向に関するもの――人口の推移、男女別人口数、年齢別人口数、産業の構成、世帯数、高齢単身者の世帯数、小中学校の児童数、高校の生徒数、幼稚園や保育園の数・園児数など。

②　地域の歴史や歩みに関するもの――地域史が掲載されている書籍や冊子やＤＶＤ、住宅や道路の変遷図、写真など。

③　地域の史跡や文化財に関するもの――埋蔵文化財、神社・寺院に関する資料、庚申塔、地蔵、民具等に関するものなど。

④　地域の生活・文化に関するもの――地域に伝承されてきた習慣・風習、伝統行事、語り継がれ

てきた昔話や民話に関するものなど。

⑤地域に関係する刊行物――冊子、記録集、写真集、文集など。

⑥地域で発行されている広報誌・機関紙――公民館・ＰＴＡ・自治会・青少年育成会・民生委員協議会・社会福祉協議会・商店会・子ども会・農協・漁協・林業に関係する団体・観光協会・ＮＰＯなどの各種団体や機関が発行しているもの、個人やグループが発行しているものなど。

⑦その他、地域にとって必要と考えられる各種の情報と資料。

公民館に収集、保存されている各種の情報や資料が、子どもたちの学びの役に立つことも大切です。小中学校の授業や地域の学習サークルなど、さまざまな場で多様に活用されることも重要です。現状の職員体制や施設の状況を考えると、公民館によっては、いますぐ取りくむことが困難な課題かもしれませんね。公民館のスペースの状況を考えてもかなりの困難をともなうことが予想されます。しかし、困難だからできないということではなく、公民館主事が先頭に立って、この課題に取りくむ必要があるのではないでしょうか。とりあえず、地域に必要と思われる情報と資料を収集することから始めなければなりません。最初は不十分であっても、少しずつ活動を定着させていきたいものです。この仕事は、これから公民館主事が取りくまなければならない課題の一つになると思います。

第6章 地域の未来をひらく公民館職員

これまでさまざまな角度から公民館や公民館職員をめぐる課題について語ってきました。最後に、公民館で働く職員が住民から信頼され、期待される存在になるために欠かすことができないと思われるいくつかのポイントについてふれてみたいと思います。これまで述べてきたことと重複する部分もありますが、いずれも私自身が公民館職員として働きながら感じてきたことです。ですから、どの問題もみなさんと共有しあうことができる課題だと思います。

一　公民館を深く知る

1　公民館の歴史・役割・現状・課題を認識する

公民館で働く職員は、公民館について一定の知識と認識をもっていなければなりません。公民館は、いつなんのために構想され、どのような背景やプロセスを経て設置されたものなのか、どんな歩みをたどって現在にいたっているのか、いま何が課題になっているのか、などについて知識と認識をもっていなければならないと思います。そのために、つぎのような努力をすることが求められています。

第一に、公民館を規定している法律や国の告示などをよく読み、公民館が法律や告示にどのように規定されているかについて認識していなければなりません。法律を読まず、法律の知識をもたないいまま仕事をしている職員もいますが、それではいけないのではないでしょうか。最低でも、日本国憲法、教育基本法、社会教育法、文部科学省告示「公民館の設置及び運営に関する基準」、生涯学習の振興のための施策の推進体制等の整備に関する法律、それぞれの市町村の公民館条例・規則などを通読する必要があります。このことは公民館の機能と役割を理解するために最低必要なことです。

第二に、公民館の発足とこれまでの足跡について学ぶことです。公民館は、なんのために構想され設置されたのか、これまでどんな活動が取りくまれ、どのような実績を蓄積してきたのか、このようなことを把握していることが大切です。公民館の歴史や歩みをきちんと理解するためには、公的な研修会への参加だけでは不十分です。先輩から話を聴くだけでも不十分です。自分で本を買って学習することをおすすめしたいと思います。仕事をするために学習することは、公民館職員としての役割を果たしていくためにどうしても必要なことです。学習することがあたりまえの習慣になるように自分自身を鍛えてほしいと思います。

第三に、公民館が置かれている現状と課題を知ることです。とくに、職員をめぐる問題（専門職採用、人事異動、研修、職場集団づくりなど）、公民館活動をめぐる問題（事業の内容、グループ・サークル活動にたいする援助のあり方、公民館だよりの紙面づくりなど）、公民館の施設や施設づくりをめぐる問題（スペースの効果的な活用、施設提供のあり方、住民とともに考える公民館づくりの運動など）、住民主体のシステムづくりをめぐる問題（公民館運営審議会のあり方、学級・講座等における企画委員会方式の検討など）、財政をめぐる問題（予算、決算など）について、それぞれの市町村で問題になっていることと、さらに公民館をめぐる全国的課題について、しっかりした認識をもっていることが必要です。

2　国や自治体の政策動向を分析する

一九九〇年に「生涯学習の振興のための施策の推進体制等の整備に関する法律」（生涯学習振興法）が制定されて以降、公民館をめぐる状況は激動の一途をたどっています。最近の国の政策を分析してみると、国は社会教育体制の弱体化をはかりながら、社会教育から生涯学習へのシフト替えを行うことに全力を注いでいるように思います。あいつぐ教育基本法や社会教育法の改正、文部科学省告示「公民館の設置及び運営に関する基準」の改正、市町村合併による統廃合、公民館の首長部局への移管や補助執行、有料化、指定管理者への委託などの動向は、そうした国の政策の具体化としてとらえることができます。

公民館のあり方を左右する国や都道府県の政策動向を分析し、その本質をとらえなければならないことはもちろんですが、市町村レベルで起きている公民館をめぐる動きにたいしても、きちんと目を向けて対応していくことが必要です。

公民館は、「社会教育法があるから使いにくい」「一部の人しか利用していない」などの言葉を公民館の首長部局移管や補助執行などの仕事を担当する部局の職員から聴かされることがあります。本当にそうでしょうか。社会教育法のなかに公民館を使いにくいものにしている条文はあるのでしょうか。あるとしたら、それはどの条文のことをさすのでしょう。このようなことにも関心をもっていきたいものです。

私は、「一部の人にしか利用されていない」という公民館批判は、まちがっていると思います。公的施設の利用者は、当該市町村人口の何パーセント以上になったら一部の人ではないと判断すべきなのでしょうか。市民会館やコミュニティセンターなど、他の公的施設の場合も、実際に利用しているのは一部の人たちです。体育館は、体育に関心をもっている人たちにしか利用されていないのです。図書館も博物館もそうですよね。つまり、どのような公的施設であっても、その施設を必要として利用しているのは、一部の人たちであるということです。公的施設とは、そういう性格をもつものなのではないでしょうか。それぞれの機能や役割がことなるわけですから、それでよいのではないかと思います。

公民館を首長部局へ移管や補助執行するときに、移管や補助執行によって「何も変わらないから……」「いままでと同じだから……」という説明を当局が行うことがあります。でも、何も変わらないはずがありませんよね。何かを変える必要があるから移管や補助執行を行うわけです。私は、どのような観点から考えても、首長部局への移管や補助執行によって、公民館を支える制度が充実したり、活動が発展していくようになることはありえないと思います。移管や補助執行によって公民館をとりまく問題が改善されていく理由も根拠もみあたらないからです。もちろん、首長部局に移管されても、補助執行されても、その状態で社会教育の活動を行うことは可能です。しかし、そうした条件のもとでの活動は、公民館本来の活動とは大きくことなり、一定の限界をもったものにならざるをえないと思います。

指定管理者制度についてもしかりです。二〇〇三年の地方自治法改正によって指定管理者制度が導入されました。指定管理者制度は、一九七四年に制度化された派遣社会教育主事制度が市町村の社会教育行政になじむことができずに形骸化してしまったように、現行の公民館制度になじむことができない制度だと思います。おそらく公民館のレベルでは破綻せざるをえない制度になるにちがいありません。なぜなら、現行法における学びの公的保障の原則と指定管理者制度における市場原理の原則は、お互いにあい入れない価値観によって構成されているからです。

たとえば、公民館の場合、公的レベルで実現できても民間レベルで実現することが困難と思われる課題として、つぎのようなことをあげることができます。

①公民館を無料で解放し、住民の学習する権利を保障すること。
②公民館職員の専門職制度を確立すること。
③住民主体の事業を積み重ねながら継続して発展させていくこと。
④生活課題・地域課題をメーンにした地域づくりの活動を構築すること。
⑤住民と協同して地域の社会教育計画を作成すること。

また、指定管理者制度は、新たにつぎのような問題点を生みだす危険性があります。

①社会教育行政と指定管理者との矛盾が拡大し、公民館制度の不安定化をまねく恐れがある。
②公民館の有料化や使用料の高額化が進み、学ぶ権利を保障する理念が後退する。
③公民館職員の労働条件（雇用、賃金、身分保障など）が悪化し、不安定なものになる。
④知識と技術を身につけるためだけの事業が増加し、学びの形骸化が広がる。
⑤学びにかかわる住民の姿勢が主体から客体に変わる。

⑥　社会教育行政の存在があいまいになり、弱体化をまねくことになる。

このように考えてみると、現在、個々の市町村のなかに、指定管理者のもとで住民本位の活発な活動を展開している公民館が存在していたとしても、将来的には、指定管理者制度がこれからの公民館の発展にとって有益なものになるという保障は、どこにもないのではないでしょうか。

公民館をめぐる政策は、今後も国のレベルではもちろんですが、都道府県や市町村のレベルでも、教育委員会のあり方をめぐる議論とかかわりながら、さまざまな形態と内容をともなって展開されていくにちがいありません。そして、その動きは一層激しさを増すことが予想されます。公民館職員は、そのときどきの公民館に関係する政策動向を一つひとつ分析しながら、政策の「まやかし」をみぬく目をもたなければならないと思います。同時に、国や自治体のまちがった政策や行政方針にたいして、きちんと発言し行動できる勇気をもたなければなりません。

3　公民館の未来に確信と展望をもつ

どんなに状況が厳しくても、公民館の未来に確信と展望をもちながら仕事をしていきたいですね。

地域社会の状況や課題を考えると、これから公民館が果たさなければならない役割は、ますます重要になってきています。いま日本の社会は、貧困と格差の拡大が人間の孤立化を生みだし、「無縁社会」という言葉で表現されるような地域社会をつくりだしています。人間どうしのかかわりあいや、つながりあいの希薄さという観点からみると、現在の地域社会は、戦後最悪の状態にあるといっても過言ではありません。

公民館は、他の公共施設のような単なる貸会場ではなく、学びあい、交流しあい、連帯しあいながら、地域の生活を豊かにしていく主体を形成するための拠点として設置されました。住民が学びあいながら、地域づくりの主体としての自己を形成する社会教育機関として設置されています。上野景三は、「歴史的にみたとき、公民館という存在は、最初から完成された形で存在していたわけではなく、本書に著されているように、試行錯誤の道のりの中で、生み出されてきた。現在は、制度としての公民館は縮小・再編を遂げているかもしれないが、他方で地域的・社会的な要請と期待を受けて公民館活動が再創造されている過程に入ってきたとみてよいのではないだろうか」と述べています。[26]

いまこそ時代の要請と期待に応える公民館活動が求められています。公民館の体制や活動の内容を充実させ、社会教育を豊かに発展させていくことが、地域社会を再創造し、活性化させていく一番の近道なのではないでしょうか。そのように考えてみると、公民館の未来を確かなものにしていかなければならない展望がみえてきます。時代の要請に対応できる公民館活動を拡充、創造していかなければならない理由がみえてくるではありませんか。

公民館は、教育基本法と社会教育法の規定にもとづく社会教育機関として、市町村の教育委員会に所属し、設置、運営されることが基本です。「教育基本法や社会教育法の適用を受けるかどうかとか、どこの部局に所属するかという問題は、そんなに重要なことではない」などということを平気で発言する人たちもいますが、そうした発言は、とても無責任です。公民館は、教育基本法と社会教育法に規定されている社会教育機関として存在することによって、初めて公民館になるからです。法律の適用外になった公民館は、もはや公民館ではありません。それは公民館とはことなる他の施設として位置づけられなければならないと思います。

現在、地域には公民館と同じ役割と機能をもつ社会教育機関は存在していません。いま、地域社会は公民館にたいして、公民館でなければできない活動を旺盛に展開することを求めています。これからの公民館の発展と未来を確かなものにしていくために、当面、つぎのことについて積極的な取りくみを行っていくことが大切です。

第一は、教育委員会制度の改悪や廃止に反対し、公民館の首長部局への移管と補助執行、指定管理者への委託をストップさせ、現行の法体系を形骸化させない運動を発展させる。

第二は、市町村単位で住民と協同して社会教育の理念づくりや方針づくりの活動を進める。

第三は、公民館における職員体制（専門職採用・本人の意思を尊重した人事異動・身分保障など）の充実と職員の資質の向上をはかるための運動に取りくむ。

第四は、住民といっしょに「公民館とは何か」ということについて、学習と議論を深めながら、時代に即応した新しい公民館実践を創造する。

激動する時代の変化が公民館を必要としています。そのことに確信と展望をもちながら新しい実践と活動に取りくんでいこうではありませんか。

4　学習する機会を広げる

公民館職員は、自分の仕事に責任をもち、その役割を果たすために、自分から仕事について学習する習慣を身につけていなければならないと思います。このことは自分から努力をしない限り実現できることではありません。すでに申しあげたことですが、公民館で勤務した年数と同じ数以上の仕事に関する本が、自宅にあるという環境をつくりあげていただきたいと思います。

仕事に関係する本を買って読むことは、決して楽しいことでもなく、面白いことでもありません。しかし、本を読んで学習することは、自治体職員としての自覚をつくりだしていくことであり、公民館職員としての仕事にたいする心構えや考え方を構築していく営みです。そのことは公民館職員にとって欠かすことができない行為です。一冊また一冊と本を買って読んでいくうちに、仕事にたいする新しい発見をすることができるようになります。仕事に役立つ知恵を身につけることもできます。自分が取りくんでいる仕事の価値を自分なりに発見し、評価することもできるようになると思います。

まず、書店へ行って仕事に関係する本を手にとって、ページをめくってみませんか。そして、「これは面白そうだ」「仕事の役に立つかもしれない」と思う本があったら、その本を買ってみることからはじめてみようではありませんか。そうしたことのくりかえしが、自分の仕事にたいする意欲と自覚をうながすことにつながっていくのです。社会教育や公民館に関係する月刊誌を定期購読することもおすすめですね。

もちろん、本を読むことだけが学習ではありません。日本社会教育学会、日本公民館学会、社会教育推進全国協議会、全国社会教育職員養成研究連絡協議会、全国公民館連合会、都道府県の公民館連合会・連絡協議会など、関連する各種団体が主催する研究会や研究集会、シンポジウムなどに参加することも大切です。地域でもさまざまな学習会が取りくまれています。できるだけそうした学習の場に参加することを心がけたいものです。

とくに、他の市町村や都道府県で頑張っている職員や住民のみなさんと出会う機会をつくることはとても大切です。大きな刺激を受けることになるからです。ネット社会ですので、学習に必要な情報は簡単に手にいれることができます。情報を取捨選択しながら、仕事に役立つ学習を行う機会を広げてほしいものです。

二　地域にこだわる

1　あいさつを大切にする

地域における公民館職員の仕事は、住民にたいするあいさつからはじまります。あいさつができない職員は、公民館職員としての仕事をスタートさせることができなくなると思います。住民にたいするあいさつは、あいさつだけではすまない意味をもっているからです。

ほとんどの場合、職員からのあいさつは、地域や住民に向けてのメッセージとして受けとめられると思います。積極的にあいさつをする職員は、地域と住民を大切にしようとしている職員であり、一生懸命仕事にうちこもうとしている職員であるというイメージで受けとめられます。逆に、あいさつをしない職員は、地域と住民を大切にしようとしない職員であり、仕事の関係でも信頼をおくことができない職員として受けとめられることが多いと思います。

つまり、あいさつは、職員自身の仕事にたいする姿勢のあらわれであり、地域と住民にたいする意志表示として受けとめられるということです。従って、あいさつをしようと思わない職員の場合は、いつになっても職員としてのメッセージが、地域と住民に届かないことになってしまいます。

また、あいさつは、職員と住民がお互いの信頼関係を築くためのきっかけとしても大切です。あいさつがないと、信頼関係を構築することができない事態が生まれたりします。あいさつをかわすことができない職員は、やがて地域から孤立することになり、最悪の場合は、仕事ができない状態におちいってしまうこともあります。住民との信頼関係がそこなわれてしまうからです。

もちろん職員も人間ですから、あいさつをすることが苦手な人もいると思います。この会場にも苦手だという職員がいるのではないでしょうか？　もし、おられましたら、ぜひ機会をつくって、自分のほうから大きな声をだして住民にあいさつをする努力をしていただきたいと思います。あいさつをすると住民から反応がかえってきますので、くりかえすことによって、苦手意識がだんだんと薄れていくようになるはずです。

あいさつは、できないからしないのではなく、やろうと思わないからできないことなのです。自分から実行しようと思ったら、誰にでも、すぐにできることです。本当は少しも難しいことではありません。なぜなら、幼児にもできる行為なのですから。そして、あいさつは住民にきらわれる行為ではなく、歓迎される行為であるということも自覚をしておく必要があります。

このように考えると、あいさつは公民館職員のもっとも大切な仕事の一つであるということができます。学級・講座などの主催事業を企画したり、運営したりする仕事と同じくらいの価値をもつ仕事の一つです。公民館職員は、あいさつという単純な行為がもっている意味をもう一度再認識する必要があります。

2　地域と社会をつなぐ視点をもつ

地域社会は日本社会の縮図です。従って、社会の変化や動きは必ず地域に反映されるという関係にあります。社会と地域は、一体化した関係にあるものとしてとらえることが大切です。社会は絶えず変化をくりかえしている生き物ですから、社会の変化にあわせて地域も変化をくりかえしています。社会の問題は社会の問題、地域の問題は地域の問題、というように両者をきりはなして考える職員がいるかもしれませんが、それでは社会の問題と地域の問題は、別個の問題としてとらえられるようになってしまいます。そうではなく、社会の動向は、必ず地域に影響をおよぼすものであるという観点から地域の課題をとらえることが大切です。住民の生活課題・地域課題の解決につながる学びは、社会と地域の動きを一体化したものとしてとらえることによって、初めて問題の本質が見えてくるようになるのではないでしょうか。

二十一世紀に入って貧困の問題が急にクローズアップされるようになりました。日本で「子どもの貧困」という言葉が使われるようになったのは最近のことです。国は、二〇〇九年十月に初めて国民の貧困率を公表しました。私は、そのときの一五・七パーセント（二〇〇七年調査）という日本の相対的貧困率の高さにびっくりしました。子どもの七人に一人が年収百十四万円以下の家庭で生活をしているという実態も明らかにされました。二〇一四年七月に発表された二〇一二年時点の相対的貧困率は一六・〇パーセント、子どもの貧困率は一六・三パーセントとなり、それぞれが過去最高となっています。わずか三年間で相対的貧困率が〇・三パーセントも上昇したことになります。

貧困の拡大によって強者と弱者の格差が広がり、人間の孤独化・孤立化も進行しています。年間三万人を超える自殺者数も、一九九八年から二〇一一年まで十三年間連続となっています。中学校や高校に通学できない児童・生徒も増加の一途をたどっています。厚生労働省の調査によると、二〇一二年度に全国の児童相談所が対応した児童虐待の件数は六万六千八百七件となり、前年度を六千八百八十八件うわまわり、十年前の二・八倍という勢いで増え続けています。「無縁社会」や「孤族」という言葉が、社会で通用する流行語になっているという悲しい現実も存在しています。

こうした社会の問題は、地域にさまざまな形で根をおろしています。社会で起きている問題が、どのような形で地域に根をおろし、住民の生活にどんな影響や課題を生起させているのか、そのことを明確にしていくことが、地域の生活課題・地域課題を把握することにつながります。もちろん、公民館職員だけでは課題が正確にとらえられないこともたくさんあります。日常からケースワーカー、保健師、民生委員、保育士、教師、学校の栄養士など、地域の課題と関連する仕事をされているみなさんと連携をはかりながら、課題を共有していく取りくみが大切にされなければならないと思います。地域と社会の動向を結びつけながら、一つひとつの課題の本質をシャープにとらえることが必要です。

3　地域の課題を把握する

地域に存在する生活課題・地域課題は、できるだけ具体的にキャッチすることが大切です。地域の課題は、マクロ的な視点とミクロ的な視点の両方から掘りさげてとらえられなければならないと思います。地域全体を視野にして課題を明らかにするだけでなく、たとえば、集落・丁目単位、自治会、商店会等の団体単位などの狭い範囲から地域課題を把握する努力も必要です。

地域に存在する各種団体と懇談する機会をつくり、それぞれの団体がかかえている課題をあらいだし、それらの課題を相互につなげて考えてみることも大切です。そうした試みによって、点ではなく、面としての広がりをもつ地域の課題がみえてくることがあるからです。

私は、地域の既成団体のみなさんと懇談する機会を大切にしながら地域課題を把握する努力を行ってきました。このことは簡単に実現できることですし、確実に地域の課題がみえてくることにつながります。まだ、このような取りくみを行ったことがない公民館がありましたら、ぜひ取りくんでいただきたいと思います。

地域の教育に関係する課題を把握する場合は、幼稚園、学校など地域に存在する教育関係の機関や団体との連携が不可欠です。たとえば、公民館職員と地域の幼児教育や学校教育の関係者が定期的に懇談会や協議会などを開催することはとても有効です。第一次産業についてはもちろんですが、福祉、医療、子育て、高齢化、貧困、地域連帯、地域づくりなどに関する課題を把握する場合も同様です。とくに、地域の農業、林業、漁業、小売店、観光などに関係する課題を正確に把握し、そうした課題を事業化していくための準備を進めることは大切にされなければなりません。

地域の課題は、できるだけ具体的に把握しておくことが必要です。どのような場所で、どのような機会に、どのような人たちによって提起された課題なのかということを明確にしながら、住民から発せられたそのままの言葉で課題を整理してみることが必要です。たとえば、子どもたちをめぐる課題をとらえる場合、「現代の子どもをとりまく課題」というように一般的にとらえるのではなく、「隣に貧困のために学校へ行けない子どもがいる」「勉強ができないので困っている」「母子家庭で生活と子育ての両立ができなく、ノイローゼぎみになっている」「子どもが食べ物の好き嫌いが多く、このままだと成長が心配だ」「外で遊ばないでゲームばかりしているので友達がいない」「いじめられて学校に行っていない」などのように、住民のなまの声を具体的にとらえながら課題をあらいだしていくことが必要です。

「地域課題とは何をさすのかわからない」「どうとらえたらよいかわからない」「地域課題の大切さは理解できるが、どうしたら把握できるのか、その手法がわからない」など、地域の課題について悩みを語る職員がいます。地域の生活課題・地域課題は、地域に顕在化、潜在化しながら存在しているすべての課題としてとらえられるべきです。そうした課題は、地域をよくみつめることによって把握できるものです。地域の課題が把握できないという職員の場合は、地域をみつめているつもりになっているだけで地域をみつめていないか、または地域をみつめる視点や方法がまちがっているか、のどちらかだと思います。地域の課題は、だれにでも把握できるものだからです。

4　地域の課題を事業に取りあげる

地域の生活課題・地域課題を公民館事業として取りあげることは、とても重要です。しかし、生活課題・地域課題の把握自体を難しいことであると思っている職員も多く、行政の政策にからむ場合もあるからなどと、最初からそうした課題を事業に取りあげることを敬遠している職員もいます。三井為友が、第五回全国公民館大会の講演で述べているように、「一般に自治体の首長は住民の政治的自覚を嫌い、『民は依らしむべし、知らしむべからず』の徳川時代的政治に安住しようとしています。そこで一般には、自治体の首長と公民館の間には冷たい戦争が、生まれてきたのであります。自治体の首長の力なしには、公民館の設置も運営もあり得ないにも拘らず、首長の要求と、公民館側のねらいとの間にギャップが生まれてきたのであります。施設論や、限界論は、ここに生まれてきたと思うのであります。これは、しかし公民館にとって一歩後退であります。このことは、日本民主化にたいする断念を意味します。われわれは、自治体の首長を公民館という場において住民と結合し、民主主義への確信に目ざめさせる努力を怠ってはなりません[27]」という指摘は、現在も、これからも大切にされなければならないと思います。

地域の課題を事業に取りあげることが実現できないと、公民館事業は個人が知識と技術を身につけるためだけの事業のオンパレードになってしまう危険があります。公民館が地域の課題を事業で取りあげることは、地域づくりの主体を形成する学びの拠点として設置されている公民館の基本的役割にかかわる問題です。地域づくりは、地域に存在している一つひとつの課題を解決することによって、初めて実現されていくのではないでしょうか。公民館における学びが、単に知識と技術を習得するだけのものであっては、公民館としての役割を果たすことができなくなってしまいます。

もっとも気をつけなければならないことは、公民館は地域の課題を取りあげることが基本であると認識していながら、具体的な課題を目の前にすると「その課題を取りあげると地域の有力者から反発をまねく恐れがある」「自治体当局とのあいだでマサツが起きるとまずい」「難しい問題はなるべく触れないようにしたほうが公民館らしい」「地域の運動体を励ますことにつながる」などという、まったく身勝手な論理をかかげて職員自身が生活課題や地域課題を事業化することをみずから見送ってしまうということです。

もちろん、自治体当局や地域の有力者などから意味のない反発やマサツをまねくことは、できるだけ回避しなければなりません。しかし、最初からあきらめている公民館職員が以外に多いのではないでしょうか。それではいけませんよね。これからの公民館活動の発展方向を考えた場合、職員が地域の課題をきちんととらえているか、そして、とらえた課題を公民館事業として取りあげる工夫や努力を行っているかは、とても重要な意味をもっています。なぜなら、公民館が民間の教育産業や行政の他部局で行われている社会教育的な事業と本質的にことなった事業や活動を地域で取りくめるかどうかを決定することにかかわる問題だからです。

公民館職員は、地域の課題を事業に取りあげることができる環境や条件をつくるために、日常から、自分の仕事にたいする姿勢を確立すること、専門的な力量をみがくこと、職場集団における話しあいや学びあいを大切にすること、住民との連帯を築くことなどに力を注いでいることが必要です。

三　公民館の仕事に自信と誇りをもつ

1　公民館にたいする自分の意識を変える

同じ市町村の職場の一つであるにもかかわらず、多くの市町村では、公民館に異動することが肯定的に受けとめられていないという現実があります。一般的な人事異動で公民館に配属されることになった職員にとって、公民館は歓迎されない職場になっているように思います。「市町村行政の末端に位置する出先機関である」「出先だから出世のルートからはずされてしまったような気がする」「少人数の職場なので心細い」「慣れない教育の仕事なので自分にはできない」「さまざまな困難をかかえている職員が意図的に配置される職場になっているので不安だ」などのことを理由に、公民館へ異動することを否定的に考えてしまう職員が増えているように思います。公民館に異動することを最初からマイナスイメージでとらえると、公民館は、できることなら異動したくない職場ということになるにちがいありません。公民館に限らず、異動によって自分に与えられる職場の条件をマイナスイメージでとらえると、どこの職場へ異動する場合も同じような発想で職場や仕事をとらえるようになるのではないでしょうか。

冷静に考えてみると、異動する先が出先の職場であってはなぜいけないのでしょうね。市町村の出先の職場というのは、住民と直接ふれあいながら住民サービスの仕事ができるところです。自治体職員としての仕事の成果や反応を直接肌で感じることができる職場です。また、住民といっしょに仕事を構築することができる職場でもあるわけです。そのように考えると、出先機関としての公民館は、とても意味のある職場としてとらえることができます。

また、公民館に異動すると出世から遠ざかってしまうというのは本当のことでしょうか。私は、公民館へ異動することによって出世から遠ざかるのではないと思います。それ以前に自分に与えられた職場の条件をマイナスに考えながら仕事をしている自分自身の物の見方や考え方や仕事ぶりが、自分を出世から遠ざけている要因になっているのではないでしょうか。自治体職員の仕事は、出世を考えるために存在しているのではありません。出世を考えることが大切なのではなく、住民のためにいかに充実した仕事に取りくんでいくかということを考えることが大切なのです。そのことを真剣に考えようとしない職員が、出世から遠ざかってしまうのはあたりまえのことだと思います。ですから、公民館に異動したことが原因で出世から遠ざかってしまうのではないということです。

職員の人数が少ない職場は心細い、だからできることなら公民館には異動したくないという意識も理解できにくいことです。そうした意識は、ただのわがままにしか聴こえません。市町村の仕事の範囲は膨大であり、仕事の内容に応じて職場の規模も体制もさまざまです。このことは市町村で働く職員なら誰でも知っていることです。ですから自治体職員としての自覚があれば、本来、どのような職場へ異動しても驚くことなどないはずです。どのような職場や仕事であっても、そこで住民のために全力をあげて仕事に取りくんでいかなければならないと思います。公民館へ異動したら公民館の仕事に全力で取りくむべきです。「少人数の職場で心細い」ということも心情としてはわかりますが、ことさら問題にするようなことではありませんよね。少人数であることが、仕事ができなくなってしまう理由にはならないからです。

「慣れない教育の仕事なので自分にはできない」ということもおかしな考えです。どこの職場だって、最初は「慣れない仕事」です。

公民館が「病気や精神的な悩みなどの困難をかかえている職員が意図的に配置される職場になっている」ということは、市町村によってありえることだと思います。私が働いていた自治体もそうでした。他の職場と比較して、そうした困難をかかえた職員の比率が高くならないように、私もさまざまな努力をしてきました。公民館長会議など公的な会議で、困難をかかえている職員の配置や異動のあり方について具体的な提案を行いながら、現状を改善してほしいという発言も行ってきました。また、人事を担当する部局へ出向いて担当者に直接お願いをするなどの行動も行ってきました。そうしたことを繰りかえすことによって職場が変化していくことになりました。さまざまな困難をかかえている職員が多いから仕事ができないというのではなく、そうした状況をつくりだしている行政のあり方を変えていくための発言や行動を積極的に行っていくことが大切です。

公民館や社会教育の仕事にたいする自分自身のマイナス思考をプラス思考に転換していくことのできる職員が、住民からも、職員からも、行政からも、認められる人材として自己成長することができるのではないでしょうか。公民館にたいする自分の意識を変えることは、自分にしかできないことです。まわりの価値観やマイナス志向にふりまわされないようにしなければなりません。自分が考えているマイナス要素をプラス要素に、プラスの要素をさらにプラスの条件に変えていく努力を行っていこうではありませんか。公民館は、自分自身の意識のもち方によって、プラスにもマイナスにも変化していく職場だからです。

2　公民館における仕事の価値を発見する

現在、公民館で働いている職員のみなさんは、公民館における自分の仕事の価値をどのようにとらえているのでしょうか。公民館で働くことを、「どうせ二、三年勤務したら他の職場へ異動するのだから……」などと、職場めぐりの通過点としてとらえている職員も多いのではないかと思います。そのようなとらえ方をすると、公民館における仕事の固有の価値をみつけだすことは困難だと思います。自分の仕事の価値を認識しないまま仕事をしていることほど、むなしく空虚なことはありません。自分の仕事の価値を発見し、その価値を大切にしながら毎日の仕事を創造していくことが大切です。そのためには自分から公民館における仕事の価値を発見する努力をすることが必要です。

そもそも自治体の仕事の価値はどこにあるのでしょうか。そして、自治体業務の一環としての公民館の仕事の価値はどこにあるのでしょうか。この二つの観点から公民館における仕事の価値が探求されなければならないと思います。住民サービスに徹するという自治体職員本来の役割を前提に考えると、公民館の仕事は、学びの側面から住民サービスにかかわる業務であるということができます。同時に、職員として学びながら自分の人生を創造していくことができる仕事です。このようなことは、他の自治体職場では、ほとんど体験できないことです。公民館の仕事は、住民が学びながら自己成長していく営みを支援する仕事であり、同時に支援している自分も自己成長をとげることができる仕事です。そこに公民館における仕事の独自の価値が存在しています。

公民館職員が自己成長をとげていくために、さけて通ることができないことは、自分と向きあうことです。職員にとって自分と向きあうことは、もっともつらくて厳しいことです。つらくて厳しいから、自分からそのことをさけている職員が多いと思います。自分と向きあわないまま公民館の仕事につくことは、自分をもたないまま仕事をしているということです。自分と向きあわないと自分を変えることができませんよね。ですから、自分に向きあわなければ、自分がもっている価値観が正しいのか、まちがっているのかも判断ができないまま仕事をしている状態になるはずです。また、まわりの出来事にたいしても無関心になってしまうと思います。職場の仲間たちといっしょに、職員や自治体をめぐるさまざまな問題を解決する活動などにも、積極的にかかわろうと思わなくなってしまうのではないでしょうか。そうした状態が長く続くと、なにも考えずに周囲の動きに迎合しながら仕事をするだけの職員になってしまうにちがいありません。自分の仕事にたいする価値をみつけだすことなど、到底困難になってしまいます。まわりの人たちから信頼されない自分本位の身勝手な職員になってしまう恐れもあります。

自分と向きあいながら、自分の弱さや欠点を自覚し、自分を形成しているマイナス要素を克服していく努力をすることが大切です。そのことによって、初めて公民館職員としての自己を認識することができるようになるのです。職員としての自覚も生まれることになります。どんなときでも、自己総括と自己努力が謙虚にできる職員になれるように自分を鍛えあげていくことが大切です。自己を認識することから公民館職員としての自己形成の営みがスタートします。仕事に取りくむ自分の姿をしっかりと認識しながら、公民館ならではの仕事の価値をみつけだしていくことが必要です。

3　公民館の仕事に必要な専門的力量と専門性を身につける

公民館で取りくまれる学習・文化活動は、基本的に住民の要求に依拠して展開されていくものです。ですから、そのめざす目的や内容は多種多様です。その範囲も広範におよんでいます。主催事業を企画するときは、社会認識や社会問題をみつめる視点を身につけていることが必要です。学級・講座を運営するには、司会や進行のために必要な知識と技術が必要となります。事業が終了したあとは、終了した事業を評価する力が要求されます。公民館だよりの発行やポスター・チラシの作成には、広報活動に関する編集やレイアウトの技術が必要です。さらに、グループ・サークル活動や団体活動についての知識も身につけていなければなりません。このような知識と技術は、次ページの**資料**12の④にあるように公民館活動における個別の問題に対応するときに必要なものであって、公民館職員の専門的力量や専門性の内容として位置づけられる性格のものではありません。

私は、以前、公民館職員が身につけなければならない専門的力量と専門性の問題について、相互の関連性を十分に整理しきれないまま問題提起を行ったことがあります[28]。当時の未熟さを反省しながら、改めて公民館職員の力量形成と専門的力量・専門性をめぐる課題について整理をしてみたいと思います。

資料12は、私自身の体験にもとづいて、公民館職員の力量形成の構造を図式化したものです。①と②の部分は、公民館職員の仕事にたいする自覚や姿勢の基礎を決定づける要素としてとらえることができます。公民館職員の専門的力量や専門性は、資料に示されている力量形成の構造のなかで、相互の関連性が明らかにされながら位置づけられなければならないと思います。それぞれが単独で存在しているものではないからです。

公民館職員としての専門的力量や専門性を身につけるには、つぎの三つのポイントをクリアする必要があります。

第一は、国民の一人として自分の人生観、世界観をもって人生を歩んでいるか、という問題です。有権者として身のまわりに起きるさまざまな課題にたいして自己決定をしながら生きているか、という問題です。このことは専門的力量や専門性を身につけるうえで大切なベースになります。資料の①の部分がそのポイントにあたります。

資料12　公民館職員の専門性と力量形成の構造

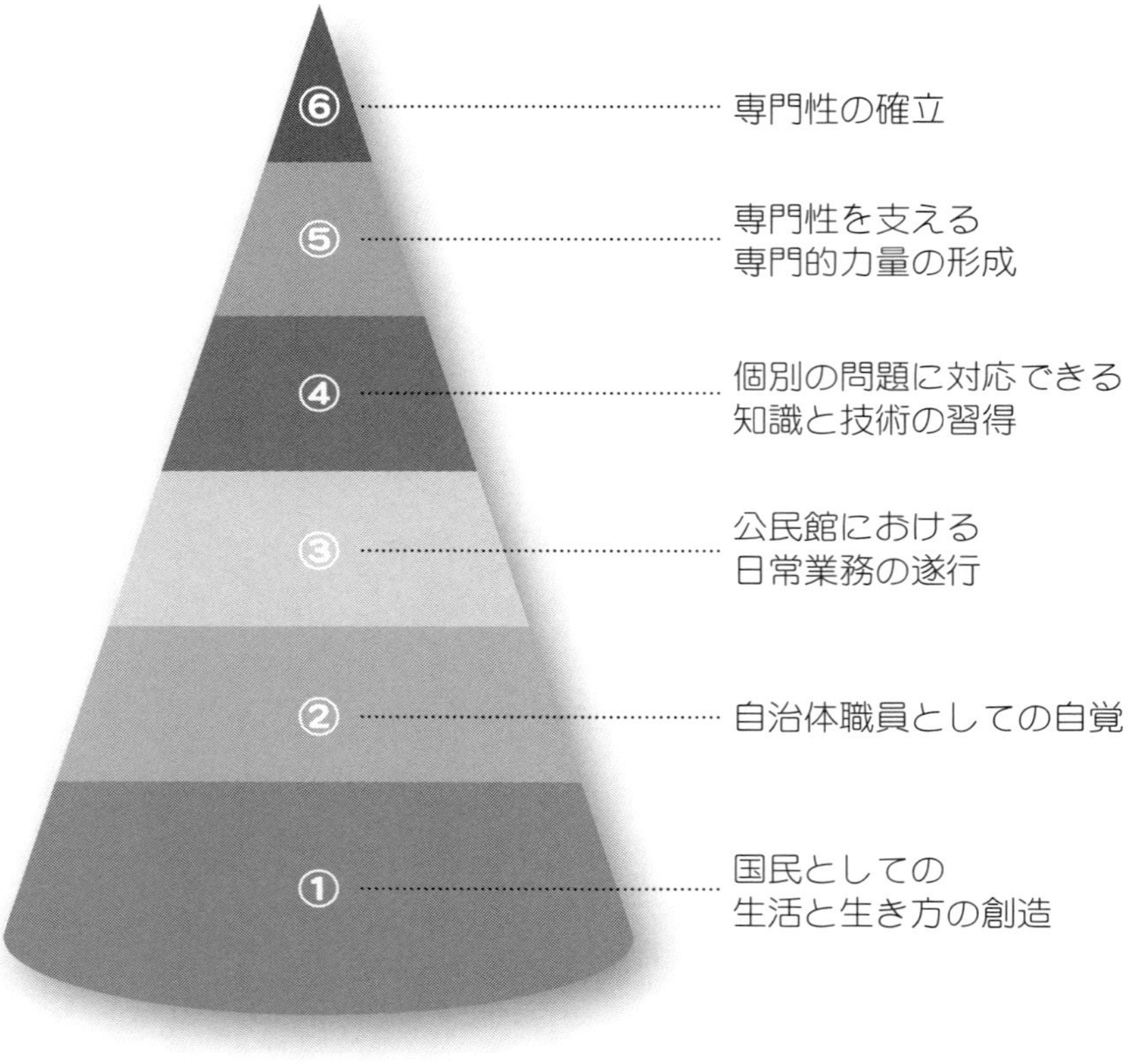

第二は、公民館職員である以前に、自治体職員としての自覚をもっているか、という問題です。自治体職員は、どのような職場へ異動しても、そこで住民のためにベストをつくすという心構えをもって仕事に従事することができなければなりません。異動した先々の職場で不平・不満を口にするような職員であってはならないのです。同時に、労働組合や住民運動にかかわりながら自治体を住民本位のものに変えていく活動に参加しているかどうかということも問われなければなりません。この部分は、資料の②のポイントになります。

第三は、公民館で働く職員としての自覚を身につける努力をしているか、という問題です。公民館における通常の業務を問題なくこなしているか、公民館の仕事に必要な知識や技術を身につけるための努力をしているか、という問題です。日常の仕事で住民の疑問や悩みに対応できるようになるには、通常の業務をきちんと遂行していること、個別の問題に対応できる知識や技術を習得していることが必要です。このことは、資料の③、④のポイントにあたります。

このように資料の①から④に示されている「国民の一人として」「自治体職員として」「公民館職員として」という三つのポイントを克服することが大切です。この三つのことは、公民館で働いている職員が、単なる行政職員から公民館職員になるためにどうしてもクリアしなければならないポイントです。これらのポイントをのり超えることによって、⑤の専門性を支える専門的力量を身につけることができるようになります。そして、①から⑤までのプロセスを経て、初めて⑥の専門性を獲得することができるようになるのです。

⑥の部分に位置する公民館職員の専門性は、住民の学びに向きあい、学びの営みとかかわりあうと

きに必要な基本的力量としてとらえることができます。それは、住民の学びを支え、発展させるときの根幹に位置する教育的支援の力にほかなりません。これまで、公民館職員の専門性については、「学習要求の把握」「学習の組織化」「学習内容の編成」「学習活動の支援」などの言葉で表現されてきました。しかし、それらの言葉は専門性を考えるときの概念や枠組みを示すものであって、専門性そのものの内実を正確にとらえたものではないと思います。また、専門性の問題が、日常の公民館職員の職務や果たすべき役割や専門職制度のあり方などと混同して議論されている現状もあります。

上杉孝實は、日本公民館学会等で研究・協議されてきた公民館職員の専門性をめぐる論点の整理をふまえながら「公民館主事の専門性としては、住民自治能力の向上・学習者の自己教育の発展を目指して、住民の組織化・集団づくり・地域づくり、生活課題の学習課題化・学習情報提供・学習内容編成・学習方法の提示などでの学習者の援助、その観点からの講師への援助などが考えられるのである」と、公民館主事の専門性について述べています[29]。

上杉が指摘している公民館主事の専門性をとらえる視点は、館長を含めた公民館職員全体の専門性を論じる際にも、そのまま置きかえて考えることができるように思います。ところが、一般的に、このような場合の「住民の組織化」「生活課題の学習課題化」「学習内容編成・学習方法の提示」などの言葉で表現される専門性の営みとは、具体的にどのような行為を指すのかということについて、必ずしも明確にされているわけではありません。公民館職員の専門性は、そのような言葉で表現される教育的行為としての「支援」や「援助」の内容を、さらに具体化したものとしてとらえられる必要があります。そうしなければ、専門性の内実を明確にすることができないからです。

公民館職員の専門性は、住民の学びに向きあい、学びの営みとかかわりあうときに必要とされる教育的行為の内実にほかなりません。「支援」とか「援助」などの言葉で表現される教育的行為の内容を、さらに具体的に表現したものとしてとらえられなければなりません。そうした観点から考えると、**資料**12の⑥に位置づけられる公民館職員の専門性は、つぎのような「できる力」の総体として定義づけることができます。

Ⓐ住民がかかえている課題と学びの要求を的確に把握することができる力
Ⓑ住民が自らの課題を自覚するための支援をすることができる力
Ⓒ住民が自覚している課題を学びの要求につなげることができる力
Ⓓ住民が学びを発展させるときの方向づけができる力
Ⓔ住民の学びが、課題を解決する方向で深められるように支援をすることができる力
Ⓕ一つの課題を解決した学びが、次の課題につながりながら発展していくように支援をすることができる力

こうした公民館職員の専門性は、長いあいだ公民館で仕事をしていれば自然に身につくというものではありません。個人レベルにおける学習の継続、集団で取りくまれている学習の場への参加、公的研修の充実、自分の限界に挑戦しながら取りくむ多様な実践の体験と蓄積などによって、徐々に自覚され、形成されていくものです。日々の仕事や自分のあり方とのたたかいを通じて獲得されていくものです。

また、公民館職員が、職員としての専門性を確立するためには、**資料**12の④にある公民館における

個別の問題に対応できる知識や技術はもちろんですが、さまざまな課題を解決するときの基本的な力となる専門的力量を身につけていなければなりません。資料の⑤に位置づけられている専門的力量は、専門性を形成していく上で必要不可欠なものとしてとらえられなければならない力量です。専門的力量を身につけることなしに、公民館職員としての専門性を形成することは不可能であり、専門性を発揮することもできないと思います。公民館職員が身につけなければならない専門的力量は、つぎのようにとらえることができます[30]。

第一は、社会や地域の動向を分析し、住民の生活課題と学習要求を科学的、客観的に把握することができる力量です。社会や地域の動向を科学的、客観的に把握することができる力量は、公民館と住民の学習・活動とのかかわりや、その発展方向を考えていくときに必要不可欠の条件となるものです。

第二は、住民の生活課題を学習に結びつけ、その学習が発展していくために適切な支援を行うことができる力量です。この力量は、住民の学習活動を広げ、深めていくための支援を行う場合に必ず必要とされる力量です。

第三は、地域の未来を構想し、地域づくりの視点を構築することができる力量です。職員として地域の未来を構想できる力量をもつことは、住民といっしょに地域の未来の夢を語りあうことができるようになるということです。地域づくりに必要な活動の視点を構築していく力にもつながります。

第四は、公民館活動の発展に必要な知識と技術を積極的に習得しようと努力する力量です。公民館の仕事に必要な知識と技術をみずからの意思で積極的に習得しようとしているかどうかは、自分が公民館職員としての自覚をもっているかどうかを自己診断するときの重要な基準になります。公民館職員が、みずからを判断するときのバロメーターになるということです。

第五は、自治体を住民本位のものにつくり変えていくことと、地域の学習・文化活動の発展を統一して考えることができる力量です。公民館は、自治体の行政政策や行政方針にもとづいて設置され、そのになうべき役割が明確にされています。ですから、当該市町村の行政が社会教育や公民館を充実・発展させていく方針を堅持していることが重要です。地域の学習・文化活動の発展は、地域をみつめて仕事をしているだけでは実現することができないものです。だからこそ、自治体の姿勢や政策を住民本位のものに構築していく運動に参加することが求められているのです。

社会教育は、住民が自分の力で自己を形成していく学びの営みです。人間としての自己の課題を発見し、その課題を克服しながら、自分のなかに新しい人間的価値を創造していく営みです。自分の生き方を創造していくための自己とのたたかいに学びを位置づけていく営みです。住民の自己形成を支援することを基本的役割とする公民館職員は、みずからも住民と同様に自己を形成していく姿勢をもちあわせていなければなりません。そのような姿勢をもちあわせていることが、「国民として」、「自治体職員として」、「公民館職員として」の自覚と生き方を創造していくことにつながり、公民館の仕事に必要な専門的力量と専門性を身につける力になるからです。

4　なんでも語りあえる職場集団づくりを進める

みなさんは、仕事の悩みや喜びをどこで誰に語っていますか？　実践で体験した厳しさや楽しさや嬉しい出来事をどこで誰に語っているのでしょうか？

私が、一九六七年に浦和市の社会教育担当職員として採用されたときは、職場に浦和市公民館主事会（以下「主事会」）という職場集団がありました。一九六〇年に発足した任意加入の集団ですが、当時、浦和市の公民館で主事として働いていた人は全員加入していました。非常勤嘱託の公民館主事が多かったのですが、毎月一回、夜の七時から九時まで市内の公民館を会場に例会を開いていました。主事会の例会は、毎回テーマを設定して学習することを基本にしていましたが、ときには社会教育や公民館に関する本をテキストにしながら、読書会や意見交換を行ったこともあります。市民のみなさんをゲストにまねき、話題提供をしていただいたこともあります。「主事会だより」も発行していました。主事会は、仕事のことなら、なんでも語れる場として、私にとってなくてはならないものでした。市内で働くすべての公民館主事が参加していましたので、市内の公民館で取りくまれている新しい実践の話を聴くこともできました。みんなで努力しなければならないことについて確認しあうこともできました。主事会は、すぐれた実践の教訓を市内に広げていくうえで大きな役割を果たしていたと思います。自分の公民館で仕事の悩みや喜びを語ることは大切なことですが、主事会では自分の職場とことなった意見や感想をたくさん聴くことができるので有意義な場となっていました。みんな毎月一回の例会を楽しみにしていました。

学習だけでなく、ときには親睦旅行にもでかけました。主事会としてソフトボールやサッカーのチームを編成し、他部局や小学校のＰＴＡのチームと交流試合も行っていました。忘年会、新年会はもちろん、飲み会は常時行われていました。仕事にうちこめる状態をつくるために、教育長に「人事異動に関する要望書」を提出し、本人の希望を優先した人事異動を実現してほしいという要望も行っていました。同じ仕事をしている仲間たちとなんでも気楽に話すことができる集団があることはとても大切です。公的な研修会の場では話すことも制限せざるをえませんが、主事会では思っていることを、なんでも語りあうことができました。

浦和市は一九六六年と一九六七年の二年間に、公民館主事として働く職員を七名専門職採用しましたが、一九六八年から専門職採用をとりやめました。市当局が専門職採用をしなくなった理由は、専門職採用された職員が自治体労働者として成長していくことに危機感をつのらせたからではないかと思います。当時、専門職採用された七名のうち六名が浦和市職員組合の役員として活躍していたからです。

一九七〇年代に入ると浦和市でも公民館の建設が進みました。公民館数が増加することにともなって職員数も増加することになりました。主事会のメンバーが退職したり、館長として昇格するという状況のなかで、首長部局から公民館に異動してくる職員が増えることになりました。一般事務職員として異動してくる職員は、「どうせ異動するのだから公民館の学習をしても意味がない」「勤務時間以外のプライベートな時間を仕事のために使う気持ちにはなれない」という意識の人がほとんどでした。こうした意識の職員が増えることによって主事会の例会への参加者は激減していくことになりました。私たちは、すべての主事にたいして主事会への参加を呼びかけてきましたが、新しい職員の参加は簡単に増えるという状況にはなりませんでした。そして、私が館長になってまもなくの一九九六年頃から主事会は開店休業の状態となりました。

私は、主事会で主事の仲間たちとお互いの実践を語りあいながら多くのことを学びました。浦和市における公民館実践のレベルの向上は、主事会の活動をぬきにして考えられないことだったと思います。現在、全国の市町村で公民館職員の意志による自主的な職場集団が、どのくらい存在し、機能しているのかわかりませんが、そう多くないことだけは確かです。市町村に職場集団が存在し、きちんと機能している状況は、集団による実践づくりが確立していることを証明しています。逆に、職場集団が存在していないということは、集団による実践づくりが困難になっている深刻な状況を示していると思います。

いま、公民館職員の専門職採用がほとんどなくなり、人事異動が激しさをます状況のもとで、それぞれの公民館で、社会教育や公民館活動について職員どうしが語りあえない状況が広がっています。こうした状況は、全国的な流れとなっています。職場で社会教育や公民館活動が語れない状況が広がっているということは、公民館実践の展望が描きにくい状態が広がっていることを意味しています。だからこそ市町村単位で仕事のことを語りあえる職場集団をつくることが必要なのです。

おわりに

以上をもちまして本日の基調講演を終了させていただきます。公民館の仕事を通して体験してきたこと、感じてきたことを率直に語ってまいりました。限られた時間でしたが、同じ公民館職員というベースに立って、みなさんと多くの課題を共有しあうことができたように思います。思いつくまま気楽にたくさんのことを語ってまいりましたが、公民館で仕事をするうえで必要がないと思ったことについては、一刻も早く忘れてほしいと思います（笑）。しかし、このことは仕事にいかすことができるかもしれないと思ったことについては、忘れないでこれからの仕事にいかしていただきたいと思います。

グローバル社会が進行し、国際社会で起きていることが、あっというまに日本の社会や地域に大きな影響や変化をもたらす時代になりました。こうした時代の流れに即応しながら公民館の課題を整理するという観点が必要になっています。大きな枠組みや視点から公民館のあり方が検討されなければならないと思います。公民館をめぐる問題は、社会教育行政や公民館をとりまく動向などに狭く限定して論じられるべきではありません。現代社会における政治、経済、文化、教育などをめぐる動向や課題との関連を明らかにしながら、できるだけ広い視野に立って、総合的な観点から論じられる必要があると思います。

しかし、本日の基調講演ではあえて公民館にこだわり、公民館の狭い世界にしぼって問題を掘りおこす努力をしてみました。とくに、長いあいだ公民館職員がかかえてきたにもかかわらず、いまだに克服されていない固有の課題を明らかにし、その課題を解決する手立てを考えることに力を注ぎました。今回とりあげた課題は、公民館が存在する限り、グローバル社会の時代においても特別に重視されなければならないことだと考えたからです。

まとまりのない話題提供であったにもかかわらず、最後まで熱心に耳をかたむけてくださいまして本当にありがとうございました。自分が生まれ育った故郷で、このような講演を行うことができて夢をみているような気がいたします。こんなに嬉しいことはありません。生涯忘れることができない機会をつくってくださいました主催者のみなさんに心から感謝を申しあげたいと思います。ありがとうございました。

注

(1) 社会教育行政研究会編『社会教育行政読本――「協働」時代の道しるべ――』第一法規、二〇一三年。
(2) 小川利夫「歴史的イメージとしての公民館――いわゆる寺中構想について――」小川利夫編『現代公民館論』東洋館出版社、一九六五年。
(3) 朱膳寺春三『公民館の原点――その発想から創設まで――』全国公民館連合会、一九八五年。
(4) 小林文人「解説 戦後公民館通史」横山宏・小林文人編著『公民館史資料集成』エイデル研究所、一九八六年。
(5) 小川利夫 前掲書。
(6) 酒匂一雄「制定時社会教育法の基本的性格の再検討」吉田昇編『社会教育法の成立と展開』東洋館出版社、一九七一年。
(7) 千野陽一『現代社会教育論』新評論、一九七六年。
(8) 寺中作雄『社会教育法解説／公民館の建設』国土社、一九九五年。
(9) 全国公民館連合会編『公民館のあるべき姿と今日的指標』一九六八年。
(10) 東京都教育庁社会教育部『新しい公民館像をめざして』一九七四年。
(11) 文部科学省告示第百十二号「公民館の設置及び運営に関する基準」第八条、二〇〇三年。
(12) 浅野平八「制度変遷と歴史からの検証」建築のあり方研究会編『建築の営みを問う十八章』井上書院、

二〇一〇年。
(13) 島田修一「第4編社会教育法」星野安三郎・山住正已・尾山宏監修『教育法』自由国民社、一九七八年。
(14) 社会教育行政研究会編　前掲書。
(15) 荒井容子「社会教育実践研究への問い」教育実践検討会編『問い続けるわれら——学校から　企業から　地域から』一九九八年。
(16) 小林繁「今日の社会教育行政をめぐる動向と課題」『明治大学社会教育主事課程年報№23』明治大学社会教育主事課程、二〇一四年。
(17) 佐藤一子『子どもが育つ地域社会——学校五日制と大人・子どもの共同——』東京大学出版会、二〇〇二年
(18) 島田修一「『人間発達の地域づくり』をめざした公民館職員集団——長野県下伊那主事会——」島田修一・辻浩・細山俊男・星野一人編著『人間発達の地域づくり——人権を守り自治を築く社会教育——』国土社、二〇一二年。
(19) 佐藤進「地域における学びの創造と講座の意義」『月刊社会教育』国土社、二〇一一年四月号
(20) 上田幸夫「社会教育法理念の思想と展開」上田幸夫・辻浩編著『現代の貧困と社会教育——地域に根ざす生涯学習——』国土社、二〇〇九年。
(21) 浦和市社会教育研究会「国立市民大学セミナーについて」『月刊社会教育』国土社、一九六九年三月号。

(22) 上野景三監修『公民館ハンドブック　コミュニティー教育への道案内』佐賀県公民館連合会、二〇〇九年。
(23) 福尾武彦『民主的社会教育の理論』(下巻) 民衆社、一九七六年。
(24) 奥田泰弘「公民館職員の役割と課題」日本社会教育学会編『現代公民館の創造――公民館50年の歩みと展望――』東洋館出版社、一九九九年。
(25) 長野県飯田・下伊那主事会「公民館主事の性格と役割」小川利夫編『現代公民館論』東洋館出版社、一九六五年を参照。
(26) 上野景三「公民館をデザインするということ」日本公民館学会編『公民館のデザイン――学びをひらき、地域をつなぐ――』エイデル研究所、二〇一〇年。
(27) 三井為友「公民館の性格の再検討」『社会教育』全日本社会教育連合会、一九五六年十二月号。
(28) 拙著『社会教育における出会いと学び――地域に生きる公民館入門――』ひとなる書房、二〇〇二年。
(29) 上杉孝實「公民館職員研究の到達点と課題を探る――専門性の内容検討を柱として――」『日本公民館学会年報第八号』日本公民館学会、二〇一一年。
(30) 拙著　前掲書。

あとがき

公民館のあり方が問われはじめて長い年月が経過しました。長いあいだ問われているのに、国や自治体から問題を解決するための前向きな方策がうちだされないまま現在にいたっています。問題を解決するための方策が提起されないだけでなく、一九九〇年に「生涯学習の振興のための施策の推進体制等の整備に関する法律」が制定されて以降、公民館をめぐる状況は、国や自治体の政策によって、さらに厳しい方向へとめまぐるしく変化しています。

一方、日本の公民館は、韓国、中国、ベトナムなどアジア諸国から注目される存在になっています。国のサイドから英語版による公民館紹介の小冊子も作成されています。これから公民館にたいするアジア諸国の関心や期待を裏切る政策が実行されるようなことがあってはならないと思います。

公民館は、市町村が勝手に構想し設置している教育機関ではありません。国が社会教育を奨励するために必要な法律を定め、その法律にもとづいて市町村が設置している社会教育機関です。従って、公民館がかかえている問題を解決し、公民館の発展方向を明確にしていく責任は、国や自治体の側にあります。国や自治体が公民館の発展方向を具体的に明らかにし、発展するための方策をきちんと推進すれば、現在、公民館がかかえている多くの課題を解決することが可能になります。これまで国や自治体が、そうした方向や政策を明確にしてこなかったところに、公民館が現在のような状況に置かれている最大の原因が存在しています。公民館のあり方が問われる状況をつくりだしてきたのは、国や自治体の政策なのです。

もし、公民館を現在のようにしてきた責任は、公民館で働いている職員にあるという見方をする人がいたら、そうした観点は基本的にまちがっているということを指摘しておかなければならないと思います。なぜなら、公民館にどのような職員を採用し配置するかという判断は、国や自治体の考え方や行政方針にもとづいて行われているからです。職員の異動のあり方や公民館における勤務年数についてもしかりです。これまで公民館の仕事に積極的に取りくもうとしない職員が配置されたり、職員の異動が激しくて公民館の活動が発展してこなかったという市町村があるとすれば、そのような職員配置や異動を意図的に行ってきた当該市町村の政策に根本的な原因があると考えるべきだと思います。同時にそうしたことを許してきた国や都道府県の社会教育・公民館政策のあり方も問われなければなりません。もちろん、どのような場合であっても、公民館に配置されている職員の自覚や努力のあり方が問われなければならないことは、いうまでもありません。しかし、問題の本質をみまちがえてはならないということです。

公民館はこれからどうなっていくのか、このことは公民館で働いている多くの職員の関心事です。職員は、今後の公民館のあり方にたいして興味本位に事態の推移をみつめているだけではいけないと思います。自分が働いている公民館の将来を他人ごとのように傍観者としてみつめているだけでは何も変わらないからです。国や自治体の社会教育・公民館政策を住民本位のものにしていく最大の力は、職員の自覚と行動、そして、学ぶことによって培われた住民の自覚と行動、この両者の協同の力にあることはいうまでもありません。

私は、これから公民館が公民館らしく発展していく可能性は十分にあると考えています。依然として世の中には公民館を批判する人たちもいますが、批判を受けながらも二〇一一年十月一日現在、全国に一万五千館を超える公民館が存在し、四万九千人を超える職員が働いています。そして国の統計によると二〇一〇年度に二億人を超える人たちが公民館で学んでいます。公民館は多くの課題をかかえていることも事実ですが、これまで他の施設では実現することができない多様なかけがいのない価値を地域に生みだしてきました。だから簡単に削減したり、首長部局へ移管したり、民間に委託したりすることができにくい存在となっています。

地域社会は、年々、崩壊の一途をたどりつつあります。新しい生活課題・地域課題も生まれています。地域の課題を解決していくためには、社会教育の存在と発展が不可欠です。これから地域社会において公民館のもつ機能や活動がますます必要視されるにちがいありません。

地域社会の変化は、一方で国や自治体の社会教育・公民館政策の転換を求めています。公民館の首長部局への移管や補助執行、指定管理者への委託などの政策は、早急にみなおされなければならないと思います。教育基本法と社会教育法に則って管理・運営が行われること、市町村の教育委員会に所属する社会教育機関として位置づけられること、専門的な力量をもった職員の採用と配置がめざされること、住民主体の学びの体制や制度が発展していくこと、を基本にしながらこれからの公民館活動の発展の方策が再構築されなければなりません。なかでも公民館職員体制の充実を図ることは緊急の課題となっています。

公民館をとりまく現実を直視しながら、住民の暮らしや地域を創造していく実践を豊かに発展させていこうではありませんか。職場と地域で国や自治体の政策を論じあおうではありませんか。これからの公民館活動の展望と夢を元気に語りあおうではありませんか。

公民館の発展方向は、そうしたことをきちんと積み重ねていこうとする職員と住民の自覚と行動と努力の先にみえてくるものだと思います。

本書は、二〇〇二年に出版された『社会教育における出会いと学び―地域に生きる公民館入門―』と同様に、ひとなる書房・名古屋龍司さんの助言をいただいて出版にこぎつけることができました。名古屋龍司さんの励ましとお力添えがなければ本書をまとめあげることはできなかったと思います。心から謝意を申しあげます。

二〇一五年一月

片野親義

片野　親義（かたの・ちかよし）

1944年新潟県に生まれる。
1967年東洋大学社会学部社会学科卒業。
同年、浦和市教育委員会に社会教育担当職員として就職。38年間社会教育行政と公民館の仕事に従事。
この間、社会教育推進全国協議会事務局長、『月刊社会教育』編集委員、日本公民館学会副会長、埼玉社会教育研究会会長、大東文化大学非常勤講師など歴任。

著書　『社会教育における出会いと学び―地域に生きる公民館入門―』（ひとなる書房）
『学びの原風景をさがし求めて―社会教育の現場から―』（国土社）
『大学で学ぶ社会教育：教えあい育ちあう―生きることに向き合いながら―』（光陽メディア）
共著　『地域にくらしと文化をひらく』（国土社）
『現代社会教育実践講座』（民衆社）
『社会教育における地域文化の創造』（国土社）
『現代における学び』（民衆社）
『地域と社会教育』（学文社）など。

公民館職員の仕事――地域の未来づくりと公民館の役割――

2015年1月15日　初版発行

著　者　片野　親義
発行者　名古屋 研一

発行所　㈱ひとなる書房
東京都文京区本郷2-17-13
電　話 03（3811）1372
FAX 03（3811）1383
E-mail：hitonaru@alles.or.jp

©2015　印刷・製本／中央精版印刷株式会社　　組版／リュウズ
※落丁分、乱丁本はお取り替えいたします。お手数ですが小社までご連絡ください。